ESSAI

SUR LA

SYPHILIS DU FOIE

CHEZ L'ADULTE

PAR

Edouard DELAVARENNE,
Docteur en médecine de la Faculté de Paris,
Ancien externe des hôpitaux (Médaille de bronze),
Médecin consultant à Bagnères de Luchon.

PARIS
OCTAVE DOIN, LIBRAIRE-EDITEUR
8, PLACE DE L'ODÉON, 8

1879

ESSAI

SUR LA

SYPHILIS DU FOIE

CHEZ L'ADULTE

ESSAI

SUR LA

SYPHILIS DU FOIE

CHEZ L'ADULTE

PAR

Edouard DELAVARENNE,
Docteur en médecine de la Faculté de Paris,
Ancien externe des hôpitaux,
Médaille de Bronze.

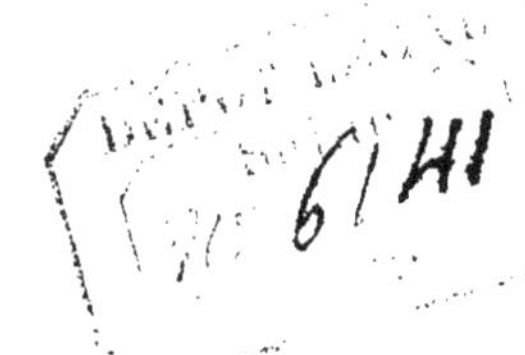

PARIS
OCTAVE DOIN, LIBRAIRE-EDITEUR
8, PLACE DE L'ODÉON, 8

1879

ESSAI

SUR

LA SYPHILIS DU FOIE

CHEZ L'ADULTE

Malgré le rôle important que depuis quatre siècles la syphilis joue sans conteste dans la pathologie humaine, l'étude approfondie des différents troubles par lesquels elle se manifeste est encore de date récente.

Parmi les accidents qui se produisent sous l'influence de l'infection syphilitique, les uns externes, ou pour mieux dire extérieurs, s'offrent naturellement à nos regards, les autres, profonds, ne se dévoilent à nous que par des troubles fonctionnels plus ou moins accessibles à nos moyens d'investigation. Et si aujourd'hui l'étude des premiers semble toucher à son terme, il est loin d'en être ainsi de celle des seconds, peu éloignée encore de son point de départ.

En faisant abstraction de la syphilis du cerveau si bien étudiée par M. le Dr Fournier, nous voyons que les connaissances que nous possédons sur les altérations syphilitiques des viscères sont encore fort vagues, sinon au point de vue des lésions elles-mêmes, du moins à celui des symptômes qu'elles entraînent.

Parmi ces manifestations viscérales de la syphilis, nous avons pris celles du foie comme sujet d'étude. En faisant ce choix nous avons suivi les conseils de notre excellent maître, le Dr Millard, dans le service duquel nous venions d'observer une malade atteinte d'hépatite syphilitique, reconnue pendant la vie, confirmée plus tard par l'examen anatomique.

Dans ce travail, nous avons essayé de montrer que dès les premiers temps de l'infection par le virus syphilitique, le foie aussi bien que le tégument externe pouvait être atteint et, ceci admis, nous avons suivi pas à pas la marche de la syphilis dans la glande hépatique, depuis les accidents dits secondaires, jusqu'à la période ultime des manifestations tertiaires.

Mais avant d'aborder la question en elle-même, il était intéressant de montrer quelles avaient été aux différentes époques, et sur le sujet qui nous occupe, l'opinion des médecins qui ont traité de la syphilis. C'est là ce que nous avons fait dans notre chapitre d'historique. Nous avons cru devoir présenter aussi quelques considérations générales sur l'évolution de cette maladie, considérations qui nous ont semblé nécessaires pour l'intelligence de certaines parties de notre sujet

HISTORIQUE.

Au moment de la terrible épidémie de syphilis qui régna en Italie à la fin du XVe siècle et au commence-du XVIe, les doctrines physiologiques de Galien étaient à leur apogée. Le foie, « foyer de la chaleur animale », « siége de la sanguification », était considéré comme l'organe le plus important de l'économie, celui duquel dépendait l'intégrité [des fonctions vitales. Les médecins qui écrivirent alors sur la vérole, imbus de ces doctrines, cherchant le siége de cette maladie terrible, furent naturellement amenés à attribuer à la glande hépatique l'ensemble des symptômes qu'ils observaient. Ce n'est donc pas une idée nouvelle [que celle qui fait du foie un des organes le plus souvent et le plus pro-profondément atteints dans l'infection syphilitique, puisque les auteurs des XVe et XVIe siècles le rendirent passible de tous les accidents qu'engendrait la vérole.

Nous voyons, en effet, en 1540, Antoine Lecoq soutenir «qu'une qualité nuisible et pestilentielle pullule dans le foie des syphilitiques. »

Un peu plus tard, en 1555, Gabriel Fallope, de Padoue, cherchant le siége du mal français, part de ce principe que : constituant une « maladie unique et spéciale il doit résider dans une seule partie qui toujours devra être affectée. » Quelle sera donc cette partie toujours atteinte? Il nous le dit un peu plus loin : « Chez l'homme infecté par contage, baiser, coït, déchirure, cette communication se fait d'abord aux veines, qui, étant dilatées, reçoivent cette sanie, cette nature morbide, et comme ces veines atteignent au foie et non au cœur, il s'ensuit que le foie est atteint d'abord et en lui-même, et ce foie étant le seul organe toujours lésé est, par conséquent, le siége de prédilection de cette maladie. » Fallope avait reconnu aussi la fréquence des affections du foie dans la syphilis héréditaire, car nous trouvons ces lignes dans le même ouvrage : « Je vois l'enfant conçu dans l'utérus d'une mère affectée du mal français et pendant neuf mois le foie est encore affecté. » En émettant ces diverses opinions, Fallope s'appuie sur l'autorité d'autres médecins de son époque, entre autres Antonius Musa et Brassavole, son maître qui avait dit : « *in hepate præcipuum fondamentum, basim et radicem.* »

En 1550, J.-B. Montanus avait déjà soutenu les mê-idées. Massa (1563) définit ainsi la vérole : « une mauvaise disposition du foie au refroidissement avec une certaine sécheresse. » A côté de ces auteurs il nous faut placer Bernardin Tomitano (1563) qui, après avoir détruit l'opinion de certains de ses devanciers pour lesquels tous les accidents de la vérole dépendaient d'une « solution de continuité du foie », et s'appuyant sur plusieurs autopsies, mentionna comme lésions « une sorte de gale, des pustules sur le foie des syphilitiques. »

Mais les idées des différents médecins que nous venons de citer ne furent pas émises sans soulever de nombreuses contradictions, et parmi les détracteurs qu'elles rencontrèrent se placent au premier rang Prosper Borgaruccius, de Padoue, Léonard Botal, qui soutinrent n'avoir jamais rencontré la moindre lésion dans le foie des syphilitiques.

Cependant, malgré ces contradictions, François Ranchin soutenait dans une *thèse*, passée à Montpellier en 1604, que, dans la vérole, le foie est toujours affecté.

A cette époque les théories de Galien, déjà battues en brèche, touchaient à la fin de leur règne, la chimiatrie commençait à dominer à leur place. Aussi les médecins d'alors qui écrivirent sur la vérole, ne voyant dans la maladie vénérienne que fermentations, distillations, etc., acides des humeurs, s'occupèrent bien plus de son traitement (Thiéry de Hery, Nicolas de Blegny, etc.), que de sa nature même. Il nous faut arriver à Astruc, en 1740, pour retrouver les traces de la syphilis hépatique qui, deux siècles auparavant, avait pris une si grande importance. Cet auteur, en effet, écrivait en 1740 : « La syphilis amène les obstructions, les engorgements du foie, de la rate, du pancréas, puis, de la jaunisse si la bile ne peut se séparer à cause de sa viscosité et regorge dans le sang, ou de l'hydropisie ascite si le sang veineux est retardé dans son cours par l'obstruction du foie, ou bien encore des hémorrhoïdes si la veine porte est comprimée par un foie induré ou squirrheux. »

Van Swieten, commentateur de Boerhaave (1743), Fabre, élève de J.-L. Petit (1765), Lassus, partageaient la même opinion.

Rosen de Rosenstein (1764) dit dans son *Traité des maladies des enfants* que « la jaunisse » a été remarquée par les bons observateurs parmi les accidents de la syphilis, et que dans ce cas elle peut guérir par le mercure.

Nous trouvons dans le « *Traité de médecine pratique* » de Hufeland, que la syphilis peut affecter le système nerveux, les poumons, les viscères abdominaux ; et ailleurs : « L'hydropisie peut être de nature syphilitique. »

Portal, en 1812, consacra dans son ouvrage sur les maladies du foie quelques lignes à la syphilis et conclut ainsi : « De sorte que l'on peut admettre que le foie peut être quelquefois affecté par le vice vénérien peu de temps après que ce vice a été contracté et d'autres fois à des distances plus ou moins éloignées de la cohabitation impure. »

En 1837, Rayer dans son « *Traité des maladies des reins* » fait ressortir la coïncidence qu'il a fréquemment rencontrée entre les néphrites albumineuses d'une part, les maladies du foie de l'autre chez les malades atteints de syphilis constitutionelle.

Enfin, en 1839, M. Ricord vint tirer de l'oubli la syphilis du foie, en décrivant dans cet organe des lésions qu'il compara aux gommes du tissu cellulaire sous-cutané. La voie était ouverte, beaucoup de praticiens aussi bien à l'étranger qu'en France s'y sont engagés. Nous ne ferons ici que citer leurs travaux, ayant l'occasion, dans le courant de notre thèse, d'en exposer les résultats.

Dittrich, en 1849, fait paraître un mémoire consacré

presque entièrement à l'anatomie pathologique et s'appuyant sur 46 observations. Gubler publie deux mémoires, l'un sur « *une affection de foie liée à la syphilis chez les enfants du premier âge* » ; l'autre, un peu plus tard sur l'«*Ictère accompagnant lés éruptions syphilitiques précoces* ». En 1856 Yvaren consacrait, dans un ouvrage important, un chapitre spécial à la syphilis: « simulant les affections du foie. » La même année, Quélet soutenait, à Strasbourg, une thèse sur « *la syphilis hépatique* », et M. Luton faisait paraître, dans le *Moniteur des hôpitaux*, un excellent mémoire sur les ictères précoces. En 1858, Lecontour présente à Paris sa thèse sur la syphilis du foie, et M. Foville publie un mémoire sur le sujet qui, l'année précédente, avait déjà occupé M. Luton. Virchow, en 1860, fait paraître son « *Traité de la syphilis constitutionnelle* », dans lequel il traite longuement les accidents hépatiques. Leudet, de Rouen, la même année, traite dans un mémoire important la syphilis du foie, tant au point de vue anatomique qu'au point de vue clinique.

Puis viennent, en 1864, le mémoire de M. Hérard, lu à la *Société médicale des hôpitaux*; en 1866, celui de M. Leudet, publié dans les *Archives de médecine*, le *Traité des maladies du foie*, de Frerichs, l'ouvrage de M. Lancereaux sur la syphilis.

C'est à cet auteur surtout que revient l'honneur d'avoir éveillé en France l'attention sur le sujet si intéressant de la syphilis du foie, tant par son Traité didactyque de la syphilis que par des monographies spéciales.

Enfin, les travaux histologiques de MM. Cornil et Ranvier, la thèse remarquable de M. Lacombe, l'article Foie du Dictionnaire encyclopédique de M. Rendu, et un mémoire de Cliquet, publié dans la *Tribune médicale* en 1877 ; la même année, une thèse de Verflassen (Iéna), et tout récemment les *leçons sur la syphilis*, de M. Cornil, dans lesquelles un chapitre est consacré aux lésions hépatiques.

Mais notre énumération serait incomplète si, en terminant, nous ne faisions pas mention des Bulletins de la Société anatomique, recueil qui nous a fourni les plus précieuses indications.

INTRODUCTION

Dans une de ses *lettres sur la syphilis*, M. Ricord, s'occupant de la marche de cette maladie, divise les accidents qu'elle entraîne en trois périodes :

1° Dans la première : l'accident primitif, le chancre infectant l'économie.

2° Dans la seconde : les premières manifestations de l'empoisonnement constitutionnel ; accidents dits secondaires, survenant dans le cours des six premiers mois après l'apparition du chancre, et ayant pour siége la peau, les muqueuses, leurs annexes.

3° Dans la troisième : les accidents dits tertiaires, ne se montrant pas avant le sixième mois, et ayant pour siége le tissu cellulaire sous-cutané ou sous-muqueux, le tissu fibreux, osseux et musculaire, certains organes, testicules, cœur, cerveau, poumons, foie.

Nous n'avons certes pas la prétention d'attaquer cette classification quant au fond, mais nous ferons seulement remarquer que si elle répond à la marche que suit le plus souvent la vérole, il est à côté bien des cas où elle se montre insuffisante. Elle est basée, en effet, sur cette opinion exprimée ainsi par M. Ricord dans cette même lettre, que « plus on est près du moment de la contagion, plus aussi les formes sont superficielles et généralement disséminées ; plus la vérole vieillit, plus les accidents qu'elle produit tendent à devenir de plus en plus graves, de plus en plus profonds. » M. Ricord exclue donc de la période secondaire toute manifestation viscérale, et exprime ainsi son idée sur ce sujet : « S'il faut un certain temps pour arriver aux manifestations dont nous venons de parler (secondaires), de l'avis de tous les observateurs, il en faut bien davantage pour que la maladie gagne les testicules, le système fibreux et le foie. »

Ainsi pour M. Ricord : 1° il y a trois périodes dans la syphilis ; 2° les manifestations secondaires sont superficielles ; 3° les manifestations tertiaires sont profondes et ne surviennent qu'au bout de six mois. Or, il est incontestable, sans parler des accidents que l'on ne peut classer dans aucune de ces périodes, que des accidents viscéraux, profonds, peuvent survenir dès les premiers temps de la maladie ; que dans certains cas de syphilis malignes précoces, des accidents, sinon tertiaires, du moins intermédiaires, peuvent se montrer avant le sixième mois.

Un élève distingué de M. Ricord, Bassereau, soutint cependant que la syphilis, en se généralisant, devait attaquer indifféremment les membranes tégumentaires ou les tissus profonds, mais que d'abord elle ne les affectait que superficiellement pour n'envahir que plus tard les couches profondes. Mais il nous semble que ces idées, que nous trouvons admises par Follin, tout en se rapprochant de la vérité, ne l'atteignent pas encore, et si nous pouvons nous expliquer que la superficie seule d'un os, par exemple, soit prise, il nous est par contre difficile de comprendre comment il peut arriver que la superficie d'un organe parenchymateux, tel que le foie, soit seule affectée.

Quoi qu'il en soit, la doctrine que les manifestations primitives de la syphilis sont superficielles, que les accidents tardifs, au contraire, sont profonds, règne toujours dans l'esprit de la plupart des praticiens, et, en présence d'accidents cutanés secondaires, il ne viendra guère à l'idée de percuter le foie, par exemple, ou la rate, et pourtant ces glandes peuvent être atteintes, et n'est-il pas admissible que, dans certains cas, l'altération d'organes aussi importants puisse concourir à déterminer cet ensemble cachectique que nous rencontrons chez certains syphilitiques? Les auteurs tout à fait récents, il est vrai, admettent l'existence de quelques accidents viscéraux secondaires, mais si parmi ceux-ci les uns ne sont pas discutés, d'autres, ceux qui dépendent du foie, par exemple, sont encore soumis aux contestations.

Ainsi donc, à propos du foie, la question se pose aujourd'hui en ces termes : Est-ce seulement après une infection de longue date ou bien dès les premiers temps même de cette infection que les accidents hépatiques peuvent survenir ; en un mot, à quelle époque de la syphilis les lésions de la glande hépatique se montrent-elles pour la première fois ?

Pour répondre à cette question, nous poserons d'abord en principe que, dans les cas d'infection syphilitique dès le début des accidents secondaires, des manifestations viscérales peuvent se produire en même temps que des manifestations muqueuses et cutanées. Et, en faveur de cette proposition, nous citerons : ces engorgements ganglionnaires, aussi bien profonds que superficiels, pouvant se montrer dans toutes les régions du corps, indépendamment des symptômes voisins, et dénotant ainsi la généralité de l'infection ; ces céphalées, que M. Fournier désigne sous le nom d'encéphalalgie, et qu'il considère comme primonitoires de la syphilis tertiaire cérébrale, ces sciatiques invétérées, ces hémiplégies faciales, ces lésions ostéo-périostiques précoces, formant de volumineuses tumeurs, ne différant de celles qui se produisent à la période tertiaire que par ce point seul qu'elles ont une tendance plus marquée à la guérison.

En présence de tels exemples, il nous semble juste de conclure que ce qui est vrai pour certaines organes doit l'être aussi pour les autres ; en un mot, que ce qui existe pour le cerveau doit exister aussi pour le foie ;

et, en effet, comme nous allons le voir dans le chapitre suivant, l'analyse des observations que nous avons recueillies va nous conduire à un résultat analogue à celui que le raisonnement et l'interprétation de certains faits viennent déjà de nous donner.

SYPHILIS HÉPATIQUE COINCIDANT AVEC DES ACCIDENTS DITS SECONDAIRES.

L'ictère syphilitique secondaire, dit M. Fournier dans une leçon sur la syphilis viscérale, a eu la bonne fortune d'être accepté sans grande opposition. Cet auteur n'en fait pas moins, à ce sujet, certaines restrictions, et se demande si ce que l'on a attribué à la syphilis ne serait pas l'effet d'une simple coïncidence. Récemment, M. Cornil s'est montré encore plus réservé. « A son sujet, dit-il, il est permis d'être incrédule, car nous n'en possédons aucune autopsie. » Et plus loin il ajoute : « M. le professeur Hardy, dont la pratique est très-étendue et qui a fait un long séjour à l'hôpital Saint-Louis, n'en a pas trouvé un seul cas bien probant. » Ainsi donc, cette manifestation de la vérole n'est pas encore franchement acceptée.

Cet ictère secondaire est entré dans la science sous le patronage du regretté professeur Gubler qui, ayant remarqué plusieurs fois une certaine coïncidence entre des accidents syphilitiques et de l'ictère; d'autre part, ne pouvant expliquer cet ictère par aucune de ses causes habituelles, en attribua l'origine à l'affection syphilitique. Depuis, MM. Lutton, Foville, Lancereaux, Lacombe, ont appuyé par de nouveaux faits ce que Gubler avait avancé. En somme, aujourd'hui, nous avons pu recueillir 27 observations d'ictères coïncidant avec des manifestations syphilitiques secondaires : c'est certes là plus qu'il n'en faut pour établir l'origine d'un symptôme. Comment se fait-il donc qu'il plane encore un certain doute sur l'existence même de l'affection dont il dépendait? Pour nous, nous croyons en avoir trouvé la raison dans ce que l'ictère, n'étant que le symptôme assez fréquent d'une altération fonctionnelle ou organique du foie, n'étant qu'un effet et non pas une cause, l'on s'est peut-être trop attaché à lui-même, négligeant par suite son origine.

Parmi les observations sur lesquelles est basé l'ictère syphilitique, les unes ne parlent que de l'ictère seul, les autres signalent en même temps une hypertrophie du foie, quelquefois de la rate, et une douleur plus ou moins prononcée de la région hypogastrique. Nous nous trouvons donc là en présence non plus d'un seul symptôme, mais d'un ensemble de symptômes qui dénote une altération plus ou moins profonde du foie; pour nous, une syphilis hépatique.

Nous allons donc faire un choix parmi les documents que nous avons pu réunir, nous ne conserverons à l'appui de ce que nous émettons que les observations dans lesquelles se rencontre au moins l'*hypertrophie* du foie. Nous ne nions pas absolument la syphilis hépatique dans les autres cas, mais nous pensons qu'elle peut être discutée. Or, voulant ici établir d'abord la réalité d'accidents hépatiques dès début de la syphilis, nous ne voulons pas, à côté d'observations probantes, en présenter d'autres qui soient douteuses et puissent leur enlever une partie de lenr valeur et de leur portée.

Nous devons à l'obligeance de M. Mauriac l'histoire analytique détaillée, complète, d'un malade qui a présenté pendant la période des accidents secondaires de la syphilis, l'évolution d'une poussée de syphilis hépatique. C'est surtout sur cette observation, prise par M. Mauriac lui-même jour par jour, dont par conséquent la valeur ne peut être contestée, que nous appuyons tout ce qui, dans notre travail, a trait à la syphilis du foie pendant les premiers temps de l'infection. Nous avons donc à établir d'abord : que ce malade était syphilitique, depuis combien de temps il l'était, à quoi peu se rattacher ce qu'il a éprouvé du côté du foie.

Le malade était syphilitique. Sa syphilis était récente.

Ce sont là deux points que nous pouvons établir, les accidents consécutifs étant venus les confirmer. Cependant au début il y eut doute, l'aspect du chancre étant plutôt celui d'un chancre mou que celui d'un chancre infectant, et une adénite suppurée étant encore venue contrarier le diagnostic. Il faut donc établir que le malade n'était pas syphilitique auparavant, car dans le cas contraire, les accidents survenus du côté du foie se trouveraient appartenir à une période plus ancienne de la maladie. Or il nous sera facile de le faire en considérant que l'inoculation certaine a été de 1 mois ; l'inoculation chancreuse, puis l'inoculation du pus phlegmoneux, n'ont donné qu'un résultat négatif. Le malade était dont bien syphilitique, et avait bien, au début de l'observation, son chancre infectant.

Le malade avait des accidents secondaires.

Nous n'avons ici qu'à les énumérer, leur existence ayant été indiscutable : roséole, papules, etc. Mais il est bon de faire remarquer que leur éruption s'accompagna de phénomènes généraux intenses, que plus tard il y eut de la céphalée, des douleurs articulaires très-violentes et ensuite des plaques psoriasiformes.

Les accidents hépathiques ne peuvent être attribués qu'à la syphilis.

Les accidents survinrent un peu plus de six semaines après le début du chancre, coïncidant avec la roséole, les papules, succédant à une poussée de douleurs articulaires intenses et ont pu être observés dès leur début. Depuis 1 mois le malade était en observation à l'hôpital et ni excès, ni émotions morales, ni aucune mauvaise condition hygiénique ne peuvent être invoqués. De plus, chose très-importante, ces accidents ne furent précédés d'aucune complication gastro-intestinale, il n'y eut ni fièvre, ni troubles digestifs marqués ; plus tard, il est vrai, survint une diminution progressive de l'appétit, celle-ci ne précéda pas l'ictère, mais au contraire le suivit.

Enfin les trois symptômes, hypertrophie du foie, douleurs hypogastriques, ictère, survinrent ensemble, se montrèrent d'abord faibles pour augmenter ensuite, et diminuer plus tard, l'ictère et la douleur d'abord, le foie mettant plus longtemps. Le traitement mercuriel avait été cessé au début des accidents, et c'est à partir du moment où il est repris que ceux-ci diminuent d'intensité. En même temps aussi que la syphilis hépatique s'était accentuée, l'éruption était devenue plus confluente, la céphalée d'abord, les douleurs dans les membres ensuite avaient fait une seconde apparition.

En voyant tous ces accidents évoluer simultanément, progresser, diminuer ensemble, se tenir en quelque sorte enchaînés, il est permis d'assurer que tous il doivent être sous la même influence. De plus il est à remarquer que, dans ce cas, nous avions affaire à une syphilis assez grave, évoluant aussi bien dans les parties profondes qu'à la superficie. La céphalée persistante, intense, les douleurs articulaires et dans la continuité des membres, les manifestations hépatiques, sont autant de preuves à l'appui de la proposition que nous venons d'émettre.

Serait-elle seule, cette observation suffirait à établir la réalité des manifestations hépatiques dès les premiers temps de l'infection syphilitique. Nous l'avons prise comme type, et à côté d'elle nous allons grouper les autres observations qui peuvent s'en rapprocher et dans lesquelles aucune cause des accidents autre que la vérole ne peut être invoquée. Plusieurs de celles-ci malheureusement sont incomplètes, dans quelques-unes l'on ne fait qu'énumérer les symptômes sans les analyser: cependant en réunissant tout ce qu'elles contiennent, nous croyons pouvoir former un ensemble duquel il nous sera permis de tirer quelques conclusions.

Avant d'aborder cette analyse, nous ferons encore remarquer que ce n'est plus de l'ictère syphilitique dont nous nous occupons, mais de la syphilis hépatique secondaire; que si dans certains cas nous pouvions rencontrer comme symptômes des lésions du foie, le gonflement de l'organe, l'ictère, la douleur, il en sera d'autres à côté où l'un ou l'autre de ces deux derniers symptômes pourra manquer, cas dont nous trouverons plus tard l'explication, hypothétique, il est vrai, dans l'interprétation anatomique des faits. Ainsi autrefois l'on considérait comme principal symptôme des lésions hépatiques au début de la vérole, l'ictère : nous, nous le reléguons au second plan, et faisons passer avant lui l'hypertrophie qui nous met plus directement en rapport avec la lésion de l'organe.

Dans le mémoire de M. Gubler, nous ne trouvons qu'un seul cas dans lequel l'hypertrophie du foie ait été notée. C'était chez une jeune femme de 19 ans, qui six semaines après les derniers rapports sexuels fut prise d'ictère ; en même temps l'on constata une hypertrophie notable du foie. Ces deux phénomènes furent accompagnés de roséole, de plaques muqueuses, de chute de cheveux. Le tout fut amélioré par le traitement. Mais si aucun trouble physique ou moral ne peut être invoqué comme cause de cette poussée du côté du foie, il est un point qui enlève une partie de sa valeur à cette observation ; la jeune fille était enceinte de 4 mois. Cependant nous avons noté tout de même ce cas, car de l'ensemble de l'observation il ne ressort pas que la grossesse ait eu une influence notable.

Parmi les observations publiées par M. Luton, nous en trouvons deux dont la valeur nous semble incontestable. C'est d'abord celle d'un homme qui deux mois et demi après la guérison de son chancre, sans aucun trouble gastrique, fut pris de douleurs assez vives dans le côté droit; en examinant le foie, l'on s'aperçut qu'il était augmenté de volume, et de plus quatre jours après survint un ictère. Ces accidents coïncidèrent avec une poussée de plaques muqueuses à la gorge, et une éruption rubéolique de la peau. Sous l'influence du traitement, ces phénomènes s'amendèrent tous ensemble avec plus ou moins de rapidité. Le malade était à la campagne, depuis plus de 15 jours, et s'y trouvait dans d'excellentes conditions hygiéniques, il ne s'était exposé à aucune des causes pouvant entraîner quelque trouble hépatique, il y a donc tout lieu de croire, d'affirmer que l'on eut affaire à une syphilis hépatique. Un point à noter, c'est que l'ictère ne survint que quatre jours après que l'augmentation de volume du foie eut été constatée, que par conséquent avant son apparition il existait déjà une lésion de l'organe mais pas assez forte encore pour le produire.

La seconde observation est celle d'un autre malade chez lequel les accidents secondaires ne survinrent que tardivement (dix mois après l'infection chancreuse); ils se manifestèrent par des plaques muqueuses à la gorge, des plaques érythémateuses sur la peau. En même temps que ces manifestations survint un ictère assez intense et une hypertrophie notable du foie. Il n'est pas fait mention, dans la relation de ce malade, d'accidents gastriques, il est donc permis de supposer qu'ils n'avaient pas été assez forts pour attirer l'attention de l'observateur. Ce malade, du reste, ne s'était exposé à aucune des causes pouvant entraîner une lésion quelconque de la glande hépatique.

Dans le Traité de la syphilis de M. Lancereaux, nous trouvons quatre observations : trois de l'auteur lui-même, une de Biermer; malheureusement, dans deux (une de M. Lancereaux et celle de Biermer), les symptômes sont seulement signalés : gonflement du foie, ictère coïncidant avec d'autres accidents secondaires et ne pouvant pas être attribué à d'autre cause que la syphilis. Les deux autres observations sont :

1° Celle d'un malade qui eut en même temps que de la roséole et des plaques muqueuses, du gonflement du foie, de la douleur hypogastrique et de l'ictère. Ces symptômes s'accompagnèrent de douleurs musculaires et articulaires violentes, de céphalalgie intense, puis survint de la perte de l'appétit. M. Lancereaux fait remarquer que ce malade n'avait eu aucune émotion morale, ne s'était pas exposé au froid et n'avait pas d'habitudes alcooliques, qu'en un mot la syphilis seule peut être invoquée comme cause. Nous signalerons dans cette observation, comme nous l'avons déjà fait dans plusieurs, la coïncidence des symptômes hépatiques avec des céphalalgies intenses, des douleurs articulaires, signes d'une infection profonde de l'organisme.

2° Celle d'une jeune femme de 18 ans, chez laquelle, en même temps que de l'angine, des plaques muqueuses, des syphilides papulo-lenticulaires, de la chute des cheveux, on vit survenir un ictère franc avec gonflement notable du foie, mais sans douleur ni spontanée, ni provoquée dans la région hépatique. Les organes digestifs n'étaient aucunement affectés, et pas de cause autre que la syphilis ne put être invoquée.

Jusqu'à présent, dans tous les cas que nous avons relatés, nous trouvons l'ictère évoluant à côté de l'hypertrophie du foie. Dans la thèse de M. Lacombe, nous allons rencontrer trois cas d'hypertrophie avec ou sans douleur, mais sans ictère; l'on ne peut, malheureusement, chez ces trois malades, faire que constater la syphilis hépatique, leur séjour peu prolongé à l'hôpital n'ayant pas permis de suivre l'évolution de la maladie sous l'influence d'un traitement approprié. Là encore, cependant, les trois malades étant syphilitiques, l'hypertrophie du foie étant survenue sans cause appréciable en même temps que des manifestations cutanées secondaires, il est permis d'attribuer à la syphilis les accidents hépatiques dont ils ont été atteints. M. Lacombe, du reste, n'hésite pas à conclure dans ce sens, tout en regrettant de n'avoir pas pu suivre plus longtemps les malades. Nous faisons allusion aux observations I, II, V.

Dans l'observation XVII de la même thèse, nous trouvons encore, au sujet de l'ictère de Gubler, l'observation d'une malade qui, huit mois seulement après le coït infectant, fut prise de roséole, de plaques muqueuses, de chute des cheveux. Quelques jours après survint de l'ictère avec gonflement du foie, de la rate et douleur dans le côté droit à la percussion ; en même temps apparurent des exostoses au front et à la clavicule. Ces phénomènes s'accompagnèrent de douleurs nocturnes de tête très-vives et de perte de l'appétit. Tous ces accidents s'améliorèrent sous l'influence du traitement ; l'ictère ne dura guère que dix-sept jours, le gonflement du foie persista deux mois et demi environ.

Enfin, dans le premier fascicule des Affections du foie, du Dr Quinquaud, se trouve l'observation d'une femme qui fut atteinte de jaunisse, d'hypertrophie du foie en même temps que de céphalée nocturne et de syphilides exanthématiques. Ce ne fut que douze jours après le début du traitement que l'on vit s'améliorer ensemble et les syphilides et les accidents du côté du foie. Ce dernier organe mit quatre mois à revenir à son volume normal.

Dans chacun des cas que nous venons de présenter, les mêmes faits se sont reproduits : évolution d'accidents hépatiques parallèlement à des syphilides secondaires, absence de toute cause autre que la vérole et absence de troubles gastriques avant ces accidents. Lorsqu'ils existèrent, en effet, ils ne précédèrent pas mais suivirent, au contraire, les accidents hépatiques ; loin d'en être la cause, ils étaient donc plutôt sous leur dépendance.

De l'ensemble de ces faits il nous est donc permis de conclure que, dans chacun d'eux, les accidents hépatiques se sont produits sous l'influence de l'infection syphilitique, qu'en un mot il existe une syphilis hépatique souvent contemporaine des accidents secondaires et tenant essentiellement à la diathèse syphilitique par des liens de cause à cet effet.

PATHOGÉNIE.

Étant admise l'existence d'une syphilis hépatique secondaire pouvant se manifester soit par une simple hypertrophie du foie, soit par une hypertrophie avec douleur ou ictère, il nous faut maintenant rechercher quelles sont les altérations de la glande hépatique qui peuvent entraîner ces symptômes.

Nous ne pouvons, malheureusement, nous livrer ici qu'à de simples hypothèses jusqu'à ce que l'examen anatomique soit venu nous montrer directement les altérations de l'organe.

Cependant examinons l'hypertrophie du foie sur laquelle nous nous sommes basé pour établir l'existence de la syphilose hépatique. Cette hypertrophie, nous la trouvons coïncidant d'abord avec des accidents secondaires; ensuite coïncidant avec des accidents intermédiaires ou de syphilis maligne précoce, et, plus tard enfin, avec des syphilides tertiaires. Dans ces trois cas, elle est sous l'influence de l'infection syphilitique; dans chacun d'eux, elle ne diffère que par une durée plus considérable, une susceptibilité moindre au traitement à mesure qu'elle avance en âge. Or, il n'en est plus de ce signe comme de l'ictère; celui-ci, rationnel, était sujet à différentes interprétations; l'hypertrophie, signe physique, nous met, en quelque sorte, directement en rapport avec l'organe qu'elle affecte; et, dans les cas qui nous occupent nous pouvons voir qu'à trois périodes différentes de la même maladie elle s'est présentée avec les mêmes caractères.

Si dans la syphilis secondaire aucune autopsie n'est venue nous montrer les altérations qui existent dans le foie, dans la syphilis tertiaire l'examen anatomique nous donne l'explication des symptômes que nous rencontrons aux diverses phases de la maladie. M. Cornil eut l'occasion de faire l'autopsie de malades morts d'affections intercurrentes, chez lesquels il trouva l'hépatite tertiaire à son début. A cette période avancée de l'évolution de la maladie, le foie était notablement hypertrophié, de même qu'il l'est au début. Virchow, M. Lanceraux admettent aussi que l'hépatite interstitielle syphilitique débute par une période d'hypertrophie à laquelle succède plus tard la période d'atrophie que l'on rencontre généralement chez les syphilitiques qui meurent par leur foie.

Or, étant admise cette période d'hypertrophie du début dans la syphilis tertiaire, n'est-il pas permis de conclure que ce qui s'est passé à cette époque a dû se passer aussi, avec une intensité moindre il est vrai, dans les périodes intermédiaires ou secondaires. Et, pour nous servir d'une comparaison que nous avons déjà employée, nous dirons que ces accidents sont en ce point semblables aux accidents osseux des périodes secondaires et tertiaires, entre lesquels ni au point de vue des symptômes, ni au point de vue anatomique, on ne trouve de différence essentielle.

Pour la description complète de cette première période anatomique nous renvoyons au chapitre spécial de l'hépatite tertiaire. Nous dirons seulement ici que pour nous il existe des congestions répétées de l'organe, pouvant parfois aller jusqu'à l'inflammation, et déterminant dans la trame conjonctive du foie une formation d'éléments embryonnaires. Si ces éléments ne sont pas encore en voie d'organisation ou du moins si celle-ci est peu avancée, leur résorption sera facile, c'est ce qui arrive dans la syphilis secondaire; si au contraire cette organisation est déjà plus ou moins effectuée, la résorption se montrera bien plus rebelle au traitement, c'est là le cas de la syphilis tertiaire.

Si maintenant nous nous demandons sous quelle influence se produisent ces congestions hépatiques, nous retombons encore une fois dans le domaine des hypothèses. Celles que nous allons émettre s'appuient sur ces deux faits qui semblent aujourd'hui définitivement acquis à la science : 1° l'existence d'un virus syphilitique; 2° l'inoculabilité du sang.

Nous n'avons pas ici à nous livrer à des digressions sur la nature même du virus syphilitique, nous voulons seulement établir son existence. Or celle-ci ressort de la nature même de la vérole qui est une des maladies essentiellement virulentes, en possédant les deux caractères : inoculabilité, contagion.

Quant à cette propriété du sang d'être inoculable, après avoir été longtemps acceptée par les uns, reniée par les autres, elle semble aujourd'hui devoir être admise. M. Cornil en cite plusieurs exemples bien probants, entre autres celui d'un de ses élèves et ami, qu'inocula avec succès le Dr Pellezzari de Florence.

En partant de ces deux principes, il n'y a qu'un pas à faire pour arriver à l'explication des altérations hépatiques que nous avons admises. De tous nos organes, en effet, le foie est un de ceux qui tiennent le premier rôle au point de vue de l'activité physiologique : « il revit, dit M. Charcot, avec toutes les propriétés que les anciens lui avaient attribuées. » Le sang qui le traverse, qui vient en quelque sorte s'y régénérér, y afflue sans cesse. N'est-il donc pas plausible d'admettre que ce qui se produit dans le cas d'hépatite alcoolique, se produise aussi dans ceux d'hépatite syphilitique ; qu'un sang vicié soit par le virus syphilitique soit par l'alcool, venant continuellement imprégner le foie, y détermine des congestions répétées, parfois des inflammations et toutes leurs conséquences.

Nous pourrions fournir encore à l'appui de cette doctrine ce qui se produit dans les empoisonnements aigus. L'invasion est plus rapide, voilà la seule différence. Du reste, aujourd'hui, en appliquant les belles recherches de M. le professeur Brouardel sur le dosage de l'urée dans les maladies de foie, on pourra peut-être bientôt arriver à des données certaines sur ces cas d'intoxication, soit aiguë, soit chronique.

En résumé, nous admettons : 1° que dans la syphilis hépatique du début, il y a congestions répétées du foie avec formation dans la trame conjonctive d'éléments moins embryonnaires en voie d'organisation plus ou avancée ; 2° que ces altérations se produisent sous l'influence directe du virus syphilitique entraîné par le sang.

ÉTIOLOGIE.

Nous venons d'admettre comme cause primordiale de l'hépatite secondaire, l'action directe du virus syphilitique. De suite, il se pose une objection à cette manière de voir. Comment se fait-il que le virus infectant se trouvant dans le sang de tous les syphilitiques agisse seulement sur le foie de quelques-uns ? Comment la même cause ne produit-elle pas toujours les mêmes effets ? Il se passe là ce qui arrive toutes les fois qu'il y a maladie, entre l'agent morbifique qui est la cause et la maladie qui est l'effet, il y a un intermédiaire, c'est l'organisme humain, vivant, avec ses caractères de réceptivité, d'impressionnabilité qui lui sont propres et dont la nature nous échappe. Dans tous les cas la même cause a agi, mais son action ne s'étant pas toujours portée sur des points analogues, les effets n'en ont pas été les mêmes ; voilà pourquoi le virus syphilitique, qui produira dans certaines conditions des accidents hépatiques, produira dans d'autres des accidents osseux.

Mais ce n'est là que reculer la question sans la résoudre, et maintenant l'on peut se demander quelles sont ces conditions individuelles qui, influençant la cause mobifique, déterminent de sa part des effets si différents? L'on ne peut guère sur ce point arriver qu'à des probabilités, cependant l'on a pu parfois poser certaines lois générales sur l'étiologie des maladies, basées sur l'état de sexe, d'âge, de tempérament, sur les conditions héréditaires, hygiéniques des individus atteints, lois qui, pour le diagnostic et le pronostic de certaines maladies, se montrent d'une nécessité indiscutable.

Les observations que nous avons recueillies sont au nombre de 13, quelques-unes rédigées plutôt en vue de prouver l'existence même de l'affection que d'en analyser les symptômes; ce nombre est trop peu considérable pour que nous puissions en tirer des conclusions, nous allons seulement mentionner ces faits, dont la valeur augmentera à mesure que la science viendra les appuyer sur de nouvelles observations.

La syphilis hépatique secondaire s'observe dans les deux sexes, et ne semble pas avoir de préférence marquée pour l'un plutôt que l'autre, car nous l'avons rencontrée sept fois chez des hommes, six fois chez des femmes, avec des caractères de durée et d'intensité semblables.

Il était intéressant de voir si l'âge avait sur l'apparition de cette affection une influence quelconque, les véroles contractées à un âge déjà avancé étant généralement plus graves que celles contractées pendant la jeunesse. Or nous la trouvons chez les hommes de 19 à 35 ans et chez les femmes de 16 à 32, limites qui répondent bien à l'âge auquel le début de la syphilis est le plus souvent observé.

Quant à la question d'antécédents pathologiques, nous trouvons, lorsqu'ils sont notés, que les malades se portaient bien avant d'avoir contracté la vérole, et n'avaient pas fait auparavant de maladies graves pouvant encore retentir sur leur organisme.

Ni l'impaludisme, ni l'alcoolisme, ni les excès ne sont notés, dans plusieurs observations l'on fait même remarquer leur absence.

Il est cependant une condition étiologique qui nous a paru ressortir d'une façon assez nette, c'est celle de l'appariton des accidents. Sur 9 cas où la date du début des accidénts est consignée, six fois nous la voyons de la fin d'avril à la fin d'août, c'est-à-dire pendant la période du printemps et d'une partie de l'été. A cette époque,au printemps surtout, se montrent certains accidents hépatiques caractérisés par l'hypersécrétion biliaire surtout, quelquefois du gonflement de la glande. Or ne serait-il pas possible d'admettre que dans certains cas, le virus syphilitique trouvant un organe prédisposé, y porte de préférence son atteinte. Ceci semble venir à l'encontre même de l'existence de l'affection, mais nous ferons remarquer que, à d'autres époques, deux fois en janvier, une fois en février, elle s'est présentée avec les mêmes caractères, et puis nous ne considérons cet état que comme cause prédisposante laissant toujours l'action efficiente à la diathèse syphilitique.

Tels sont les points étiologiques dont il est fait mention dans nos observations; mais à côté de cela il nous est permis de nous demander quelles sont les autres conditions qui pourraient influencer sur ce choix fait par la diathèse. En première ligne nous pouvons placer les coups, les pressions supportées par la région hypogastrique, puis les questions de nourriture influençant l'ensemble du système digestif et particulièrement le foie. Il est avéré que les exostoses surviennent le plus souvent au tibia, à la clavicule, parce que ce sont les os les plus en but aux violences extérieures; nous pouvons en conclure que la même chose peut se passer au foie, qu'un traumatisme léger, passant souvent même inaperçu, peut déterminer le réveil de la diathèse dans un point déterminé. Dans l'ordre fonctionnel, il est établi que les accidents syphilitiques cérébraux surviennent le plus souvent, presque toujours même chez les individus adonnés aux travaux intellectuels; n'est-il pas permis d'admettre que l'activité du foie étant mise en jeu d'une façon anormale, forcée, puisse déterminer sur cet organe l'éclosion d'accidents syphilitiques. En résumé nous pensons qu'il faut faire une part assez large dans l'étiologie de la syphilis hépatiqne aux traumatismes auxquels sont sujets surtout les gens que nous observons à l'hôpital, et cela en raison même du siége superficiel de cet organe, et à la suractivité fonctionnelle dont le foie peut être le siége. C'est là un point sur lequel nous croyons utile d'attirer l'attention.

SYMPTOMATOLOGIE.

La syphilis hépatique secondaire a pour symptôme

essentiel l'augmentation de volume du foie; celle-ci peut ou non s'accompagner de douleur et d'ictère : nous allons successivement étudier ces trois symptômes.

Hypertrophie. — Nous considérons celle-ci comme due à une congestion hépatique, amenant la formation d'éléments embryonnaires dans le tissu conjonctif qui entoure le groupe des ramifications portes, hépatiques et biliaires. Ces éléments peuvent être atteints par le traitement à des périodes différentes de leur organisation, et leur résorption sera d'autant plus facile qu'ils seront dans un état plus voisin de l'état embryonnaire.

C'est environ trois semaines à dix mois après le chancre que l'on a vu survenir ce symptôme. Le terme de dix mois (Luton) ne s'est présenté qu'une seule fois, ainsi que celui de huit (Lacombe); ils sont beaucoup au-dessus des autres, celui qui vient ensuite n'étant que de deux mois et dix jours (Luton). L'on pourrait donc se demander si dans ces deux cas l'on n'a pas eu affaire à des accidents plus tardifs de la vérole que ceux appelés secondaires, qui suivant la plupart des auteurs ne doivent pas survenir plus de six mois après le chancre. Or, dans le cas de M. Luton (dix mois), l'affection du foie coïncidait avec de larges plaques érythémateuses de la peau, et des plaques muqueuses à la gorge; dans celui de M. Lacombe (dix mois), avec une nouvelle poussée de roséole et de plaques muqueuses. En résumé il semble que ce soit six semaines à deux mois après le début de l'infection syphilitique que l'on voit survenir ces accidents hépatiques.

Dans un seul cas le malade avait été soumis à un traitement mercuriel, les accidents survinrent au bout de deux mois et demi.

Cette hypertrophie peut être plus ou moins considérable, appréciable quelquefois surtout en se rapprochant du mamelon, d'autres fois au rebord des fausses côtes. Quoiqu'il en soit, la hauteur de la matité observée a été environ de 18 à 20 cent. Le plus souvent le foie débordait les fausses côtes de deux travers de doigt environ ; plusieurs cas où il formait tumeur au niveau du creux épigastrique ont été observés. Si déprimant la paroi abdominale on vient à palper la surface de l'organe, on la sent parfaitement lisse, sans bosselures, la peau glisse facilement sur elle.

On sent aussi que le bord antérieur, normalement mince, est ici arrondi, montrant que l'hypertrophie est bien totale. Il est parfois difficile chez certains individus de sentir le foie à cause des contractions spasmodiques des muscles abdominaux ; dans ces cas il ne faudrait pas prendre pour une sensation de déformation de l'organe ce qui est dû simplement aux contractions musculaires.

L'hypertrophie peut être le seul phénomène de la syphilis hépatique secondaire, ou coïncider avec deux autres symptômes, la douleur, l'ictère. Sur treize cas, trois fois seulement (Lacombe) il y eut hypertrophie seule, dans tous les autres il y avait hypertrophie avec ictère ; dans ces derniers la douleur ne manqua qu'une seule fois. L'on peut donc dire avec beaucoup d'apparence de raison que toutes les fois ou du moins presque toutes les fois qu'il y a ictère il y a aussi douleur ; c'est là en même temps un signe que l'état congestif du foie s'est accompagné d'un état inflammatoire plus ou moins prononcé, dont nous aurons à étudier la conséquence au sujet de la formation de l'ictère.

La durée moyenne de l'hypertrophie semble être de deux mois et demi à trois mois et demi; en tous cas elle n'a jamais été inférieure à un mois et demi, et jamais supérieure à près de un an, encore ce dernier fait est-il unique. Cette durée, d'après les idées que nous avons émises, doit être en rapport avec le processus anatomique de la lésion, et cette lésion, dont l'hypertrophie est la conséquence, est parfaitement curable au moyen du traitement que nous donnerons plus loin ; sa durée est plus ou moins longue, mais dans tous les cas où les malades ont pu être suivis jusqu'à la guérison, le foie était toujours revenu à son volume normal.

En résumé, l'hypertrophie est le symptôme principal de la syphilis hépatique secondaire ; elle survient dans les six semaines à deux mois qui suivent l'infection : elle occupe tout l'organe, dure de deux mois et demi à trois mois et demi en moyenne : peut être seule ou s'accompagner d'ictère et de douleur dans la région hypogastrique.

Ictère. — Signe fonctionnel très-important, il se présente dans la majeure partie des syphilis hépatiques secondaires : sur treize cas, il n'a manqué que trois fois ; jusqu'à présent lui seul avait suffi pour établir l'existence de lésions hépatiques d'origine syphilitique, nous lui avons substitué l'hypertrophie du foie plus directement en rapport avec les lésions que nous avons supposées ; dans certains cas où il existait seul, l'influence syphilitique sur son origine a même pu être contestée.

Avant d'étudier les caractères du symptôme en lui-même, il nous faut en rechercher l'origine.

Nous rappellerons seulement que pour M. Gubler il est dû à une roséole des canalicules biliaires, pour M. Lancereaux à une hypertrophie des ganglions lympatiques du hile, amenant la compression des canaux biliaires, enfin que M. Fournier s'exprime ainsi à son égard : « Avouons en définitive que la cause interne, le mécanisme organique de l'ictère secondaire nous échappe encore absolument. »

Voyons donc dans quelles conditions l'ictère peut se produire, et à laquelle de ces conditions peut répondre la forme qni nous occupe. D'après M. Straus, cinq cas se présentent :

1° Résorption biliaire (obstacle mécanique à la circulation).

2° Suppression des fonctions hépatiques (il n'y a pas de sécrétion).

3° Ictère hématique.

4° Ictère hémaphéique.

5° Ictère par polycholie (résorption de la bile en nature).

Nous pouvons immédiatement éliminer l'ictère par polycholie, les malades observés n'ayant éprouvé aucun des phénomènes qui accompagnent ce trouble sécrétoire. De même l'ictère hématique, dont l'existence même est niée, ainsi que l'ictére par suppression de fonction hépatique qui tombe de lui-même. Restent l'ictère hémaphéique et l'ictère par résorption biliaire. Le premier est inadmissible, car les signes qui sont l'indice de sa nature n'existaient pas ; les urines des malades teignaient le linge d'une couleur jaune verdâtre, donnaient avec l'acide nitrique les réactions dues à la présence du pigment biliaire, et non cette couleur acajou caractéristique de l'hémaphéisme ; de plus les selles étaient décolorées et dans certains cas le pouls ralenti. Nous restons donc en présence d'un ictère par résorption causé par un obstacle au cours de la bile. Cet obstacle peut être dû à un excès de tension sanguine, ce n'est pas là le cas, il n'y a donc plus en cause que l'oblitération des conduits biliaires ; nous pensons pouvoir en donner l'explication en interprétant les lésions anatomiques que nous avons déjà invoquées en faveur de l'hypertrophie.

Dans le cas de syphilis hépatique secondaire, avons-nous dit, il y a congestion du foie, puis hyperémie donnant en quelque sorte la main à l'inflammation, déterminant autour des vaisseaux portes et hépatiques, des canalicules biliaires, entre les lobules, la formation de tissu conjonctif embryonnaire. Cet état peut se communiquer aux canalicules biliaires eux-mêmes et y produire la formation de nouvelles cellules épithéliales, une prolifération, puis une desquamation qui va bientôt oblitérer la lumière des canalicules biliaires interlobulaires et même pénétrer le réseau des canalicules intra-lobulaires. Il se forme ainsi un bouchon amenant un obstacle au cours de la bile, par suite sa résorption et son passage dans le sang. Ces faits ont été étudiés par M. Hanot, dans sa thèse inaugurale, et par M. Cornil, dans les Archives de physiologie. L'ictère dénote donc déjà un état assez avancé des lésions. Cette interprétation permet en même temps de s'expliquer comment, dans certains cas, ce phénomène peut manquer. C'est qu'alors il n'y a simplement que de la congestion hépatique, ou une inflammation légère, ne s'étant pas encore communiquée aux canalicules biliaires. L'influence du traitement vient encore plaider en faveur de notre manière de voir, car dans les cas où il y a ictère, celui-ci disparaîtra d'abord, puis ensuite l'hypertrophie. Il nous est donc permis de conclure que l'ictère est le symptôme d'une lésion secondaire à celle qui amène l'hypertrophie.

Les cas dans lesquels on a pu assister à l'invasion, au développement de l'ictère, sont assez rares ; cependant s'il est permis de conclure du particulier au général (obs. de Luton et I), nous dirons qu'il est consécutif au gonflement du foie, que d'abord peu intense, il met cinq à six jours pour arriver à son degré maximum. Nous pouvons encore là suivre l'évolution anatomique : au moment où les canalicules biliaires commencent à être malades, débute la teinte plutôt subictérique que franchement ictérique ; leur conduit n'est pas alors complétement obstrué ; l'obstruction ne devient complète qu'au bout de quelques jours, alors l'ictère est franc et persiste dans cet état plus ou moins longtemps, suivant le degré d'intensité atteint par la lésion, suivant les effets du traitement.

Les autres caractères ne présentent rien de spécial à l'ictère syphilitique; on a noté des cas où les plaques muqueuses étaient colorées en jaune verdâtre, et où la peau prenait une teinte ictérique si foncée que l'éruption cutanée concomitante n'était plus visible.

D'après nos observations, il ne s'est jamais accompagné de fièvre; la température est restée, dans tous les cas, normale, le pouls, lorsqu'il en est fait mention, était plutôt un peu au-dessous de la moyenne (60 pulsations, Quinquaud).

Des démangeaisons, du prurit de la peau, ont été aussi signalés, mais n'ont pas pris une intensité remarquable.

Les urines, comme la peau, dénotaient le passage de la bile dans le sang; moins abondantes, de couleur habituellement jaune rougeâtre, elles tachaient le linge en jaune-vert. En y versant de l'acide nitrique, elles prenaient la coloration verte caractéristique. Les selles décolorées, argileuses, mais cependant pas d'une façon très-intense, étaient d'une odeur fétide.

En somme, jusqu'à présent, rien de spécial à cette forme d'ictère, mais ce qui est important à spécifier c'est la marche de son invasion (déjà décrite), sa durée, sa terminaison. L'ictère, qui n'est pas lié à une affection chronique, débute généralement brusquement, arrive de suite à son maximum d'intensité, et ne dure guère que un à deux septénaires, très-rarement plus. Dans la syphilis hépathique secondaire, nous sommes bien en présence d'une affection à marche chronique, la syphilis, mais aussi en même temps d'une manifestation aiguë de cette maladie, l'altération du foie. Or, contrairement à ce qui se passe dans les cas d'ictère dus à des affections aiguës, ici, ce symptôme a présenté une marche ascentionnelle, lente, durant plusieurs jours. Quant à la durée, point fort remarquable, jamais elle n'a été inférieure à trois semaines ; elle a pu même atteindre jusqu'à trois mois. Nous sommes là bien loin des quinze à dix-sept jours habituels, signalés même comme durée la plus fréquente de l'ictère secondaire, dans les leçons du Dr Fournier. En somme, et cela sous l'influence du traitement, sa durée moyenne paraît être de six semaines environ.

Il semble donc que nous nous trouvons en présence d'une forme intermédiaire entre l'ictère aigu et l'ictère chronique, et il est remarquable que les cas dans lesquels sa durée s'est montrée la plus longue sont aussi ceux où il s'est montré le plus intense ; qu'on peut établir ainsi un rapprochement entre sa durée et son intensité. Les lésions hépatiques étaient donc arrivées à un point plus avancé, le traitement, par conséquent, avait moins d'action sur elles, la résorption était plus longue à venir, l'ictère plus long à disparaître.

Reste maintenant le troisième symptôme, la douleur, qui généralement accompagne l'ictère.

Douleur.—Dans les trois observations de M. Lacombe où il y avait hypertrophie seule, la douleur manquait ;

dans les autres, où il y avait hypertrophie et ictère, elle n'a manqué que deux fois.

Ces deux points sont importants, car ils viennent vérifier ce que déjà nous avons avancé, que l'ictère était dû à une lésion plus sérieuse que l'hypertrophie, à une inflammation plus ou moins forte, ayant aussi la douleur comme conséquence.

Voici les caractères avec lesquels elle se présente. Tantôt elle est bornée à un sentiment de gêne, de pesanteur dans l'hypogastre, mais celui-ci le plus souvent s'accentue de plus en plus et passe bientôt à l'état douloureux; tantôt, dès le début, elle se montre avec les caractères qu'elle conservera, et est soit spontanée, soit provoquée. Quand elle est spontanée, elle peut être continuelle, et alors c'est une douleur lourde, gravative, ou bien encore intermittente; dans ces cas elle est plus aiguë. Quand elle est provoquée, elle l'est soit par la percussion, soit par la pression, et quoi qu'il en soit, même dans les cas où elle existe continuellement, ces deux manœuvres lui feront prendre un caractère d'acuité plus ou moins considérable suivant les cas.

Dans sa marche, elle n'offre rien de bien particulier. Précédant parfois l'ictère, le plus souvent survenant spontanément, ou trouvée, en même temps que lui, elle est, des trois symptômes de la syphilis hépatique, la première à diminuer d'intensité, puis à disparaître.

Enfin, dans aucune observation nous n'avons trouvé noté qu'elle se soit présentée avec des caractères d'intensité plus considérables la nuit que le jour.

Phénomènes concomitants.

Ces phénomènes sont d'une importance considérable, car c'est surtout sur eux que l'on base le diagnostic de la syphilis du foie. Celle-ci ne s'est en effet jamais montrée seule, elle a toujours évolué en compagnie d'autres manifestations de la diathèse syphilitique.

Avant d'en aborder l'étude, nous attirerons l'attention sur un point qui nous a semblé capital, l'absence dans toutes les observations que nous avons recueillies de troubles gastriques ayant précédé la congestion du foie, l'ictère. Ceci, au point au point de vue de l'existence même de la maladie, est très-important, et l'objection que les troubles hépatiques pourraient se trouver sous l'influence d'un embarras gastrique est ainsi écartée; et cette objection eût été d'autant mieux admissible que dans certains cas, l'invasion de la syphilis sur le foie a été précédée d'un peu de fièvre, de frissons, de douleurs erratiques, de malaises, symptômes qui se rencontrent souvent au début des manifestations syphilitiques, et dont la valeur eût été toute autre s'ils avaient coïncidé avec un état gastrique plus ou moins prononcé. Or, dans toutes les observations que nous avons recueillies, les fonctions digestives étaient intactes; dans les unes le fait est seulement signalé, dans les autres, il est exprimé avec détails ; nous trouvons que la langue était rose, humide, sans enduit saburral, l'appétit bon, les digestions faciles, les garde-robes régulières. Ce fait peut donc être considéré comme certain et constituera pour le diagnostic un élément d'une réelle importance.

Ainsi avant l'invasion des accidents hépatiques, intégrité des fonctions digestives. Mais peu de temps après qu'ils sont survenus, celles-ci commencent à s'altérer, c'est un fait, une conséquence naturelle, le contraire serait étonnant. On voit en effet l'appétit diminuer peu à peu, les digestions devenir difficiles, lentes, accompagnées de douleurs à l'épigastre, de nausées, quelquefois de vomissements, en même temps les selles sont décolorées, il y a de la constipation, les urines sont rares, les malades maigrissent rapidement. Tous phénomènes qui s'expliquent parfaitement par les altérations anatomiques et fonctionelles du foie, et dont l'intensité du reste ira toujours en diminuant à mesure que les effets du traitement se feront sentir, évoluant parallèlement aux accidents hépatiques dont ils sont l'effet et non pas la cause.

Nous ne voulons pas nous étendre ici sur les manifestations muqueuses et cutanées qui coïncident avec l'affection du foie, nous citerons comme les plus fréquentes les plaques muqueuses à la gorge, la roséole, des plaques érythémateuses de dimensions variables, des syphilides papuleuse, papulo-squameuse, et aussi dans deux cas du psoriasis syphilitique s'étant montré en même temps que les accidents hépatiques, mais ayant été plus rebelle au traitement; le malade de M. Mauriac en est un exemple très-net.

Mais outre ces éruptions cutanées, il s'est montré dans plusieurs cas des accidents profonds dont l'imporauce est bien plus grande, car ils dénotent une prédisposition pour certains accidents d'une nature spéciale; ce ne sont pas des syphilis malignes précoces, mais des syphilis graves.

En première ligne nous placerons la céphalée, intense, persistante, existant avant les accidents hépatiques, redoublant au moment de leur apparition et que nous rencontrons cinq fois. Puis des douleurs musculaires et surtout articulaires, non pas mobiles, mais fixes, s'étant même accompagnées du gonflement de l'article. Enfin des périostoses dont nous trouvons un exemple frappant dans une observation de M. Lacombe; il y eut d'abord une périostose au niveau du frontal qui coïncidait avec la syphilis hépatique, puis un peu plus tard une autre au niveau de l'apophyse mastoïde, le tout disparut sous l'influence du traitement. Il y a dans ces différents cas plus qu'une simple coïncidence, il y a une tendance de la syphilis à se porter dès le début sur les viscères, les organes profonds et non pas sur la peau, les muqueuses comme elle le fait généralement.

A côté de ces symptômes, il nous faut signaler l'hypertrophie de la rate qui a été rencontrée plusieurs fois entre autres dans les cas où il y avait eu douleurs articulaires intenses, périostoses, en un mot dans les syphilis viscérales, point qui vient corroborer ce que nous avons émis plus haut.

MARCHE.

La marche de l'affection ressort de ce que nous avons dit à propos des symptômes.

C'est en moyenne six semaines à deux mois après l'infection syphilitique qu'apparaissent les symptômes pour la première fois. Au début il peut n'y avoir que du gonflement du foie, et ce symptôme peut persister seul pendant toute la durée de le maladie, le plus souvent il s'accompagne d'ictère et de douleur. Dans ces cas ces deux symptômes, dont le dernier fait quelquefois défaut, suivent l'hypertrophie, ne la précèdent jamais et durent moins longtemps qu'elle; tandis que la durée maximum en effet de l'ictère a été de deux mois, celle de l'hypertrophie a été de près d'un an, et si nous prenons les moyennes nous trouvons six semaines pour le premier, trois mois, c'est-à-dire plus du double pour le second. Quant à la douleur liée plutôt à l'ictère qu'à l'hypertrophie, elle peut précéder le premier de ces symptômes, parfois même elle est la première à mettre sur la voie du diagnostic, mais le plus souvent elle est reconnue en même temps que lui et présente une durée moindre.

Ces trois symptômes dont l'ensemble dénote la syphilis hépathique ne surviennent pas seuls, ils coïncident le plus souvent avec d'autres phénomènes; jusqu'à présent, lorsqu'ils étaient seuls, le diagnostic n'a pas été fait; cependant il est fort admissible qu'ils puissent exister en l'absence d'autres manifestations. Quoi qu'il en soit, d'après les documents actuels, lorsque la syphilis hépatique survient, il y a eu déjà d'autres accidents syphilitiques plus ou moins prononcés; ces accidents peuvent avoir disparu, ou exister encore, ce qui a été jusqu'à ce jour le cas le plus fréquent. Il y a cependant un fait (Luton) dans lequel les accidents primordiaux avaient disparu une première fois et revinrent accompagnant une syphilis hépatique; et un second, dans lequel manifestations cutanées et manifestations hépatiques survenaien en même temps, les deux pour la première fois. Cependant le cas qui s'est présenté le plus souvent est celui dans lequel un individu infecté recemment, ayant des accidents syphilitiques secondaires, soit en plein développement, sont en voie de régression, avait une nouvelle poussée aiguë s'accompagnant de frissons, fièvres, malaises; en même temps apparaissaient les symptômes de l'affection hépatique, quelquefois un gonflement de la rate. — Nous avons déjà dit que la durée moyenne de ces accidents hépatiques était de trois mois; le plus souvent l'ictère, sous l'influence du traitement, disparut en même temps avant même les éruptions muqueuses et cutanées; quant à l'hypertrophie, ce fut le phénomène le plus rebelle, persistant encore alors que tout autre accident était déjà terminé.

Dans tous les cas la terminaison de la maladie a été heureuse, car nous n'avons parlé absolument que de la syphilis hépatique simple, l'ictère grave secondaire étant encore une affection fort problématique que nous signalons seulement ici, n'ayant pas l'intention de revenir sur ce sujet. Quoique dans sa thèse M. Lacombe en ait fait un chapitre spécial, nous nous rallierons aux opinions de MM. Fournier et Cornil. M. Fournier il est vrai a perdu un malade syphilitique avec des accidents graves, mais l'autopsie n'ayant pu être faite, il est permis de se demander si les accidents ayant entraîné la mort étaient bien sous l'influence de la vérole.

DIAGNOSTIC. — PRONOSTIC.

La question du diagnostic est en quelque sorte résolue d'avance, par ce que nous avons exposé dans les chapitres précédents. Quoi qu'il en soit, la question peut ainsi se poser : 1° Y a-t-il affection du foie? — 2° De quelle nature est-elle, sous quelle influence s'est-elle produite? — 3° Est-elle grave, c'est là le pronostic.

L'affection du foie n'est plus douteuse; lors même qu'il n'y aurait que de l'hypertrophie, celle-ci dénoterait déjà une altération quelconque de la glande, mais le plus souvent, la douleur d'abord, puis l'ictère, viennent en montrant que la fonction hépatique elle-même est troublée, confirmer le diagnostic.

Mais ce n'est pas la maladie elle-même dont le diagnostic est embarrassant, c'est surtout sa nature qui est difficile à déterminer. Les affections du foie sont nombreuses qui peuvent amener de l'augmentation de volume de la glande, de la douleur et de l'ictère. On ne pourra arriver à découvrir leur cause que par voie d'exclusion et aussi en tenant compte des accidents avec lesquels ces différents symptômes coïncident; et dans les cas où il y aurait doute, il faudrait réserver le diagnostic, suivre la marche des accidents, leur durée, dont l'importance est grande comme nous l'avons vu et enfin tenter la pierre de touche, le traitement spécifique, car « *morbus is est quem curationes ostendunt.* »

Enfin, par elle-même, cette affection du foie n'est pas grave, elle n'entraîne pas d'accidents pouvant compromettre l'existence, le plus souvent même sa durée n'est pas longue et elle n'a pour conséquence que de l'ictère, et un peu de douleur dans la région hypogastrique. Mais cette préférence, dès les premiers temps de l'infection, que montre la syphilis pour le foie nous semble être d'un pronostic fâcheux et dénoter une prédisposition de cet organe qui, plus tard peut-être, pourra être atteint d'une autre affection syphilitique, mais celle-ci bien plus grave, bien plus invétérée, et dont les conséquences sont le plus souvent fatales. Malheureusement nous ne pouvons faire, à ce sujet, que des hypothèses, car il nous est impossible de suivre assez longtemps les malades que nous observons dans les hôpitaux : quant à ceux que l'on peut suivre dans la clientèle civile, le nombre en est trop restreint pour que de longtemps la lacune puisse être comblée.

Nous ne parlerons pas ici du traitement, sur lequel nous reviendrons longuement dans le chapitre suivant.

Observation (due à l'obligeance de M. le Dr Mauriac, médecin de l'hôpital du Midi). — Chancre infectant ulcéreux. — Adénopathie aiguë suppurée. — Accidents consécutifs au bout de deux mois. — Arthropathie. — Syphilose hépatique. — Jaunisse. — Augmentation de volume du foie. — Psoriasis syphilitique.

Roland (Emile), 36 ans, scieur de long, entre le 18 février 1876 à l'hôpital du Midi, salle 8, nº 36.

Cet homme, grand, vigoureux, bien constitué, s'était toujours bien porté et n'avait jamais eu aucune manifestation diathésique, ni aucun symptôme de maladie chronique, lorsqu'il contracta la syphilis au commencement de l'année 1876. On ne trouve dans ses antécédents qu'une fièvre typhoïde en 1863 et un chancre mou contracté à Toulouse en 1872.

Plusieurs personnes qui examinèrent ce malade lorsqu'il entra dans mon service le 18 février pensèrent qu'il s'agissait encore chez lui d'un chancre de la même espèce. L'ulcération, en effet, qui occupait presque tout le côté gauche de la muqueuse préputiale, était un peu taillée à pic, légèrement fongueuse, et sécrétait beaucoup de sérosité ichoro-purulente. D'autres crurent à un chancre mixte; enfin, la question relative à la nature de cette ulcération resta pendante plusieurs jours. J'avais toujours pensé que c'était un chancre syphilitique et l'événement m'a donné raison.

Le malade, après un mois de continence, avait vu pour la première fois, le 28 octobre, la femme qui l'a infecté. Ses relations avec elles avaient duré ; répétées sept à huit fois à divers intervalles, elles avaient cessé le 25 décembre 1875. Il n'eut aucun rapport sexuel pendant tout le mois de janvier 1876 et cependant sa verge devint le siége d'une ulcération dans les deux ou trois premiers jours de février.

Celle-ci débuta par deux boutons secs situés à 1 centimètre environ l'un de l'autre, qui ne tardèrent pas à se réunir, à s'éroder et à se convertir en cette vaste ulcération qui en imposait pour un chancre simple. Ce qui contribuait à l'erreur, c'était l'adénopathie inguinale gauche qui ne tarda pas à naître et qui au lieu de rester dure, indolente; circonscrite aux ganglions, devint rapidement inflammatoire, diffuse, et finit par se convertir en un abcès que j'ouvris quelques jours après l'entrée du malade dans mes salles.

Malgré cette complication d'adénopathie phlegmoneuse si rare dans le cas de chancre syphilitique, je n'en persistai pas moins à considérer l'ulcération comme infectante ; et je me basais sur la longue durée de l'incubation, qui ici avait été de un mois au moins, à supposer que le malade n'eût été contaminé que dans son dernier coït avec la femme qu'il voyait depuis le mois de novembre.

Pour donner un autre argument en faveur de ma manière de voir, j'inoculai le pus de l'ulcère et celui du bubon suppuré. Ces deux inoculations furent négatives.

Ce chancre infectant a été très-long à guérir ; il n'est complétement cicatrisé que depuis le 13 avril. Le bubon lui, au contraire, loin de se convertir en chancre comme dans le cas de chancre simple, s'est fermé avec une rapidité remarquable, preuve qu'il appartenait à la catégorie de ces bubons inflammatoires symptomatiques que l'on observe dans toutes les maladies vénériennes et qui s'élèvent quelquefois jusqu'à la suppuration, quoique le plus habituellement ce processus reste confiné dans le ganglion sous la forme d'une simple hyperémie plus ou moins douloureuse.

Les premières traces des accidents syphilitiques consécutifs ont fait leur apparition vers le 18 ou le 20 du mois de mars. Le malade a eu d'abord une éruption de roséole érythémateuse, puis au milieu des taches ont poussé quelques papules qui se sont agrandies peu à peu.

Huit à dix jours avant la date de l'invasion de la syphilis généralisée, sa diffusion dans l'organisme ne s'est pas faite sans troubler la santé générale. Ainsi, du 10 au 18 mars, le malade devin fiévreux, il avait des frissons presque chaque jour, à des époques irrégulières, et des transpirations abondantes. Ses nuits étaient très agitées, il ne s'endormait que le matin ; il était obligé de se lever, espérant trouver un soulagement au mal qui le travaillait déjà avec force sans donner encore aucune preuve matérielle de son existence. Outre l'agitation, la fièvre, l'insomnie, le malade souffrait encore cruellement de maux de tête, plus violents la nuit que le jour. Il avait perdu l'appétit et éprouvait une grande lassitude dans tous les membres.

Après l'éruption, les troubles généraux cessèrent. Mais quinze jours après, c'est-à-dire le 2 avril (8e semaine révolue de la syphilis), le genou droit, puis le gauche, devinrent douloureux, sans hydarthrose, ni gonflement notable des parties molles ou dures. Ce fut surtout dans le coude gauche, les poignets et toutes les articulations de la main et des doigts que l'artropathie syphilitique fut sévère. Les douleurs étaient très-mobiles et variables d'intensité, elles étaient plus fortes un jour dans les coudes, un autre jour dans les poignets, la paume de la main, les doigts, etc. Du reste, peu de gonflement, mais immobilité des articles par suite de la douleur qui finit par envahir la région plantaire des deux pieds. Cette attaque d'arthropathie a duré environ quinze jours avec des alternatives de mieux et de plus mal. Outre l'arthropathie, il y avait encore des douleurs crampoïdes dans divers groupes musculaires, principalement dans ceux des bras et des cuisses.

L'arthropathie était guérie depuis environ huit à dix jours lorsque le malade présenta sur la peau une teinte manifestement ictérique. Il n'y avait aucune cause à cette détermination sur le foie, ni excès, ni complication gastro-intestinale, ni aucune secousse physique ou morale. C'est le 13 avril que la syphilose hépatique a débuté. Pas de douleur, mais un sentiment de gêne, d'embarras au niveau de l'épigastre. Pas de fièvre, pas de troubles digestifs marqués, mais diminution progressive de l'appétit.

Avant de décrire cette complication qui domine aujourd'hui toutes les autres manifestations de la maladie, il faut revenir sur quelques particularités.

1° La forme de l'accident primitif.

2° Sa durée, ses complications.

3° Le traitement; expectation pendant toute la période de la deuxième incubation, c'est-à-dire pendant le premier mois du séjour à l'hôpital; puis 2 pilules de protoiodure vers le 18 mars auxquelles j'ai ajouté 2 cuillerées de sirop de biiodure. Un bain de sublimé avant la jaunisse. Tout traitement supprimé depuis l'apparition de ce symptôme. Au 5e jour de l'ictère, purgation et limonade tartrique.

4° La première poussée superficielle exclusivement limitée à la peau (il n'y avait presque rien à la gorge).

5° L'absence de mauvaises conditions hygiéniques.

6° Les étapes : chancre, prodromes fébriles ; 1re poussée, prodromes arthropathiques ; 2e poussée, exagération des papules et syphilose hépathique.

Mais tout ne se borna pas à la jaunisse; la palpation, la percussion du foie provoquaient de la douleur peu intense, il est vrai, et faisaient percevoir déjà un changement de volume de l'organe.

Au bout de huit jours, la teinte est devenue très-foncée et orange de jaune qu'elle était auparavant. En même temps grossissaient les papules plates ou les plaques cutanées dont quelques-unes atteignirent les dimensions d'une pièce d'un franc. Squamo-ulcération.

Pas de fièvre et cependant depuis l'invasion de la jaunisse les forces ont diminué au moins de moitié. Depuis l'hépato-syphilis la céphalalgie est revenue.

Etat du malade le 29 avril 1876 :

Pouls 68 régulier. Peau fraîche. Température rectale, 37,8. Langue humide, rose, peu chargée. Peu d'appétit; pesanteur gastrique après l'ingestion des aliments. Pas de douleur à la pression de l'épigastre; ventre plat, souple. Une ou deux garde-robes par jour, fétides et un peu décolorées.

Examen du foie. — Bord supérieur remonté à deux travers de doigt au-dessous du mamelon jusqu'à la sixième côte. L'organe dépasse le rebord des fausses côtes de trois travers de doigt. Il ne dépasse la ligne médiane que d'un travers de doigt. La surface au-dessous de la paroi abdominale dans la partie accessible à la palpation ne présente ni bosselures ni anfractuosités. Aucune douleur dans la région hépatique, si ce n'est dans cette partie du lobe gauche que recouvre la moitié du creux épigastrique et qui est, autant qu'on peut en juger par les moyens d'exploration, la partie de l'organe la plus atteinte.

(Il y a trois jours la voussure épigastrique paraissait un peu plus prononcée et le foie descendait un peu plus bas.)

En arrière, matité dans le tiers inférieur de la poitrine à droite. Les urines ne contiennent ni sucre, ni albuminurie, mais on y trouve une très-grande proportion de matières colorantes.

La *peau* présente une teinte jaune avec nuance orange très-prononcée. Suffusion jaune orange de toutes les muqueuses et de quelques papules plates, principalement dans le dos, les flancs, les avant-bras et les jambes. Nombreuses croûtes d'impétigo dans le cuir chevelu. Quelques papules sont ulcérées et croûteuses, mais la plupart sont squameuses. L'impétigo du cuir chevelu est survenu depuis la jaunisse.

Pas d'hémorrhagie.

Cicatrice chancreuse peu indurée. Pas d'adénopathie inguinale et cervicale.

Céphalalgie frontale habituelle depuis l'ictère, avec quelques étourdissements et presque une attaque vertigineuse il y a huit jours. Aucun trouble des sens.

Traitement. — Iodure de potassium, 3 gr.; sirop de biiodure de mercure, 2 cuillerées; purgatifs : eau de Sedlitz, 1 fois; calomel, 2 fois.

Le processus hépatique a augmenté depuis le début jusqu'au 26 avril d'une manière continue. Depuis il est stationnaire.

6 mai. Le malade prend de l'iodure de potassium depuis huit jours. Depuis ce moment il se trouve mieux. L'appétit est revenu ainsi que les forces; il n'éprouve plus de malaise, ni de pesanteur hépatique. La jaunisse a un peu diminué, mais présente toujours une teinte orangée. La douleur à la pression a disparu à l'épigastre. On constate aussi une diminution de la matité et un retrait du lobe gauche.

Etat général bon, aucune douleur, dort bien.

Mais depuis quatre ou cinq jours les douleurs sont revenues dans les mains, dans les avant-bras et dans les pieds. Ces douleurs consistent en sensations d'écorchure, de picotement. Elancements dans les membres supérieurs. Douleurs très-fortes dans la continuité des membres. Le malade ne souffre pas plus la nuit que le jour. Toutes ces douleurs sont paroxystiques. Rien dans les jointures. Mouvements difficiles à droite où les douleurs sont plus prononcées.

Ce qu'il y a de remarquable chez ce malade, ce sont des plaques psoriatiques nummulaires de largeur variable, disséminées sur les bras, les jambes et le tronc. Parfaitement circulaires, d'un rouge sombre, presque toutes sont recouvertes d'écailles d'un blanc d'argent typique, et aujourd'hui en voie de desquamation. Sur quelques-unes, principalement aux extrémités inférieures, il y a des croûtes noires finement stratifiées et qui résultent d'une exsudation séro-sanguinolente à la surface des plaques érodées. Rien du côté des muqueuses.

Le 10. Grand appétit. Encore quelques douleurs névralgiformes dans les doigts et dans le pied droit. Dort mieux. La teinte jaune diminue. Langue nette. Toutes les papules sont en voie de résolution, recouvertes d'une plaque épidermique d'un blanc argenté qui devient de plus en plus mince, réduites à l'état de macules. On voit que quelques-unes (les croûteuses) étaient constituées par une papule centrale, entourée d'un fossé circulaire ulcéreux.

Le foie a un peu diminué en bas. Peu d'adénopathie ganglionnaire ; aucune solidarité avec les glandes vasculaires sanguines. La rate a son volume normal.

Le 20. L'ictère a beaucoup diminué ainsi que le foie (prend 2 cuillerées d'iodure de potassium). Les forces reviennent. Se lève depuis huit jours. Auparavant le malade ne pouvait même pas se lever pour aller à la garde-robe à cause des étourdissements. Le psoriasis est aussi en voie de résolution. Cependant quelques plaques se sont agrandies, cinq ou six sont crustacées.

Jours suivants : Bon appétit, les forces reviennent complétement. Le malade sort à la fin de mai guéri.

SYPHILIS HÉPATIQUE COINCIDANT AVEC DES ACCIDENTS INTERMEDIAIRES AUX ÉPOQUES SECONDAIRES ET TERTIAIRES.

A côté de la syphilis hépatique s'accompagnant d'accidents secondaires, il faut placer une autre forme appartenant déjà à une époque plus avancée de la maladie.

Nous avons réuni quatre cas répondant selon nous à cette période, un de M. Lacombe, résumé dans sa thèse; trois de M. Quinqnaud, un contenu dans le premier fascicule de ses *affections du foie*, les deux autres inédits, qu'il a bien voulu nous communiquer. Sur ces quatre malades, chez deux l'affection se manifesta par de la douleur et de l'hypertrophie du foie, chez les deux autres il vint se joindre de l'ictère aux symptômes précédents.

Nous ne reviendrons pas ici sur les détails que nous avons donnés dans le chapitre précédent, au point de vue de l'anatomie pathologique de la lésion du foie et de la pathogénie de ses différents symptômes. Ce que nous avons surtout à mettre en relief, c'est que les altérations dont nous allons nous occuper sont d'un ordre plus avancé, en quelque sorte plus invétérées que celles que nous avons étudiées précédemment. Elles le sont moins encore que d'autres que nous rencontrerons plus tard, car si, à cette période, le foie peut encore, sous l'influence du traitement, revenir à son volume normal, le fait paraît, sinon impossible, du moins fort difficile dans celle qui suivra.

Fidèle à la méthode que nous avons déjà suivie, nous établirons d'abord : 1° l'existence de l'affection, son origine; 2° l'époque de l'évolution de la syphilis à laquelle elle appartient; 3° sa nature, ses symptômes, la marche qu'elle affecte.

1° DE L'EXISTENCE DE L'AFFECTION. — DE SON ORIGINE.

Dans les observations que nous avons sous les yeux, trois symptômes ont concouru à poser le diagnostic de l'affection. Mais ils ne se sont pas toujours trouvés réunis, deux fois l'un d'eux, l'ictère, a manqué; ce fait cependant ne peut servir à révoquer en doute l'existence de la maladie, car nous en avons donné déjà l'explication.

Dans deux cas, les symptômes furent de l'hypertrophie et une douleur non pas vive, aiguë, mais sourde, profonde, se réveillant par la pression, fût-elle même légère, et pendant la marche. Dans les deux autres cas, ces deux symptômes furent accompagnés d'ictère; ainsi donc, signes physiques et signe rationnel d'une altération organique puis fonctionnelle, du foie. La lésion du foie est donc incontestable, et nous pouvons ajouter comme preuve, que dans un cas où le dosage de l'urée fut fait, l'on trouva le jour de l'entrée de la malade 60 grammes qui au bout de dix jours se réduisirent sous l'influence du traitement à 26 grammes.

Quant à son origine, nous n'hésitons pas à mettre en cause la syphilis. Les malades observés ne s'étaient trouvésdans aucune descirconstances pouvant entraîner même un trouble fonctionnel, à plus forte raison une altération organique. Ni les uns ni les autres n'avaient habité les pays chauds, jamais ils n'avaient eu de violentes douleurs dans la région du foie, ni de jaunisse, partant pas d'affection calculeuse; jamais, non plus, ils n'avaient eu de fièvres intermittentes, ni même séjourné dans des pays marécageux, enfin ils n'avaient pas d'habitudes alcooliques, n'avaient éprouvé récemment aucune commotion, soit physique, soit morale, et l'on ne trouvait pas trace chez eux de catarrhe gastrique. En somme, ces malades n'avaient jamais rien éprouvé du côté du foie et étaient d'une bonne santé avant l'invasion de la syphilis. Ainsi donc, aucune cause autre que la syphilis ne peut être invoquée, et l'interprétation des accidents qui accompagnèrent l'affection du foie vont encore apporter une preuve de plus en faveur de notre opinion. Dans nos quatre observations, en effet, la syphilis du foie a évolué parrallèlement à des accidents intéressant d'autres organes, et ceci dans des circonstances particulières.

Chaque fois, en effet, les malades avaient, depuis quelque temps, des accidents syphilitiques, lorsque sous une influence inconnue chez les uns, chez un autre, à la suite d'excès vénériens, survenait une poussée de nouveaux accidents venant s'ajouter aux premiers et généralement plus graves que ceux qui existaient auparavant. Là c'étaient des douleurs articulaires s'accompagnant même d'épanchement, de la céphalée, là du rupia, de l'ecthyma précoces, et en même temps des frissons, de la fièvre, de l'insomnie, de l'inappétence, le tout s'accompagnant de douleur dans l'hypochondre, de gonflement du foie, d'ictère, de gonflement de la rate et mieux, dans un cas, d'une lésion du rein dévoilée par la présence de l'albumine dans les urines. Tous ces phénomènes débutaient avec la syphilis hépatique, coïncidaient avec elle, suivaient la même marche ascensionnelle. Sous l'influence du traitement spécifique, les céphalées, douleurs articulaires, éruptions cutanées guérissaient, les lésions du foie s'amélioraient parallèlement. En présence de toutes ces considérations, il nous est permis encore cette fois de regarder l'origine de l'affection du foie comme syphilitique.

2° ÉPOQUE DE LA SYPHILIS A LAQUELLE SONT SURVENUS LES ACCIDENTS ?

Nous plaçons ces accidents dans une période intermédiaire aux périodes secondaire et tertiaire, en raison de leur marche, de leur durée et aussi des autres manifestations qui les ont accompagnés. Dans l'une des observations, la syphilis hépatique coïncidait avec des céphalées très-intenses, des syphilides pigmentaires, de l'acné, des congestions rétiniennes et choroïdiennes et, comme le fait remarquer M. Lacombe, ces faits appartiennent à ceux que l'on pourrait appeler intermédiaires entre la deuxième et la troisième période. Dans les trois autres dues à M. Quinquaud, nous sommes en présence de syphilis malignes précoces. Les accidents qui accompagnaient la syphilis du foie, ecthyma, rupia, présentèrent la forme ulcéreuse caractéristique de la syphilis tertiaire ; mais ces ulcérations n'étaient que superficielles et évoluaient en même temps que des plaques muqueuses à la gorge, des plaques érythémateuses sur le corps, accidents de la période secondaire. C'est bien là aussi une période intermédiaire, mais survenant dans d'autres circonstances, empiétement de la syphilis tertiaire sur la syphilis secondaire. Ce n'est plus, en réalité, la période des accidents secondaires, ce n'est pas encore celle des accidents tertiaires, et la syphilis du foie qui survient à cette époque en éprouve certains caractères particuliers, la différenciant de celle qui survient dans les deux autres périodes.

3° Symptômes

La nature de l'affection est syphilitique : quant à ces lésions, nous avons dit qu'elles étaient les mêmes que dans la période secondaire, mais plus avancées, plus profondes, que plus tard nous les retrouverions, mais avec des caractères plus accentués encore.

Ces symptômes sont les mêmes que dans la période précédente, mais avec des caractères différents.

Hypertrophie. — Dans un cas (Lacombe), son *début* n'est pas noté; dans les autres, elle survint une fois 3 mois 1/2, un autre 3 mois, et enfin 2 mois après le début des accidents : on peut donc dire en moyenne 2 mois 1/2 à 3 mois. Sa *durée* peut être de 2 à 4 mois suivant les observations recueillies et suivant M. Quinquaud (Affections du foie, premier fascicule). Sa *marche* qui ordinairement est régulièrement croissante jusqu'au moment où le traitement est institué, puis sous son influence reste quelque temps stationnaire pour diminuer ensuite, peut aussi être interrrompue par de nouvelles poussées congestives, des alternatives d'aggravation, d'amélioration sans que l'on puisse trouver la moindre cause occasionnelle. Le *volume* du foie est variable; dans trois cas il dépassait sur la ligne mamelonnaire le rebord des fausses côtes de deux travers de doigt, dans un de trois travers, et ce fut précisément chez ce dernier malade que l'affection survint par poussées successives, où elle sembla avoir le plus de gravité. L'hypertrophie était du reste accompagnée de douleur, d'ictère et d'une augmentation considérable du taux de l'urée. Le foie peut encore former une tumeur plus ou moins volumineuse, plus ou moins saillante sur la ligne sternale. En tous cas, sa surface ne présente ni bosselures ni anfractuosités, elle est dure, lisse et à bord antérieur arrondi.

Douleur. — Elle n'a jamais manqué, et ce fut par elle, dans un cas (Quinquaud), que l'attention fut attirée du côté du foie. Elle se présente sous le caractère d'un sentiment de pesanteur dans l'hypopochondre droit, elle gêne la marche pendant laquelle elle s'exaspère, et lorsque l'on vient à percuter le foie ou à en pratiquer la palpation, elle devient plus vive, lancinante. Sa durée est bien inférieure à celle de l'hypertrophie.

Ictère. — Ce symptôme a été observé deux fois sur quatre; dans ces cas il survint après l'hypertrophie et la douleur et cessa avant eux. Il était très-intense avec urines bilieuses, rares, selles décolorées, mais cette décoloration ne persista que cinq ou six jours après le commencement du traitement, ainsi que la coloration verte des urines.

Phénomènes concomitants. — Ici nous avons à noter en première ligne, comme nous avons eu déjà à le faire dans le chapitre précédent, l'absence de troubles gastriques, d'état catarrhal des voies digestives. De même qu'au moment des accidents secondaires, les troubles digestifs survinrent après l'apparition de la syphilis hépatique ; fait parfaitement expliqué par l'altération même du foie. Les malades étaient sans appétit, bien que la langue soit humide et normale, leurs digestions étaient lentes, difficiles, s'accompagnaient d'un sentiment de gêne, de pesanteur, de douleur même à l'épigastre et d'un certain degré de constipation.

Dans nos quatre cas, au moment où survenait la syphilis hépatique, il existait déjà des accidents syphilitiques apparents auxquels, sous l'influence de cette poussée, dont dépendaient les lésions du foie, venaient s'ajouter des céphalées intenses, avec exacerbations nocturnes, des croûtes dans les cheveux, de l'ecthyma s'ulcérant légèrement, même du rupia, des plaques psoriasiformes, des douleurs articulaires, etc., tous phénomènes suivant parallèlement à ceux qui étaient survenus du côté du foie une marche décroissante sous l'influence du traitement.

Enfin il est bon de faire remarquer que dans tous les cas, en même temps qu'une syphilose hépatique, on constatait une syphilose splénique, auxquelles vinrent une seule fois, il est vrai, s'ajouter des altérations du rein. Cette proportion de 1 fois sur 4, si elle se maintient, sera un bon argument en faveur de la généralisation viscérale de ces accidents.

MARCHE. — Quant à la marche de toutes ces manifestations syphilitiques, elle ressort de leur exposition.

Chez des syphilitiques ayant déjà des manifestations diathésiques, nous voyons, en compagnie d'autres accidents spécifiques, apparaître une syphilis hépatique. Celle-ci se dénote par de l'hypertrophie, de la douleur et de l'ictère, survenant dans l'ordre suivant lequel nous venons de les énumérer. Tous ces phénomènes évoluent ensemble, parallèlement et semblent intimement liés les uns aux autres. Dans la syphilis du foie elle-même, l'ictère est le symptôme qui disparaît le premier sous l'influence du traitement, puis vient la douleur et ensuite l'hypertrophie: nous avons déjà expliqué la cause de ce rapport constant qui, dans des circonstances analogues, existe entre ces trois manifestations, par suite entre les lésions qui en sont l'origine.

Le Diagnostic ne nécessite pas un chapitre spécial, car nous ne ferions qu'y répéter ce qui se trouve dans le cours de notre description. Le seul point à noter est que c'est seulement par voie d'exclusion qu'on arrive à le poser, que le fait difficile n'est pas de déterminer la lésion du foie, mais d'en reconnaître l'origine, enfin que, en dehors de la syphilis, il n'y a guère d'affection pouvant produire cet état subchronique du foie, donner une marche semblable aux symptômes qui en sont la conséquence.

Le Pronostic est déjà plus sérieux que dans la période précédente. Les symptômes ayant une durée plus considérable, il est permis de conclure que les altérations auxquelles ils sont dus sont aussi d'un degré supérieur. Quoique le foie puisse revenir complétement sur lui-même, ces poussées congestives, hyperémiques auxquelles il .est en but dénotent déjà qu'il est le *locus minoris resistentiæ* et qu'il est, en quelque sorte, prédisposé aux attaques bien plus graves de la syphilis arrivée à sa période tertiaire. Enfin nous avons pu constater qu'à cette époque déjà la syphilis a de la tendance à se porter, non pas sur le foie seulement, mais aussi sur tous les viscères, comme l'ont prouvé d'abord l'hypertrophie constante de la rate survenant, non pas consécutivement à la lésion du foie, mais en même temps qu'elle, puis chez un n alade la présence de l'albumine dans les urines.

Traitement

En présence des deux formes ou plutôt des deux degrés de l'affection du foie que nous venons de décrire, il faudra se rappeler que l'on a affaire : 1° à une affection grave par elle-même ; 2° à une affection qui dépend d'une syphilis déjà grave. Le traitement devra donc être institué de façon à répondre à ces deux indications, c'est-à-dire : 1° attaquer franchement le mal de façon à l'entraver dans sa marche, ensuite à l'arrêter ; 2° se tenir toujours sur ses gardes au point de vue des conséquences du traitement sur l'état général du sujet, déjà affaibli.

Tous les malades dont nous avons analysé les observations étaient, à l'exception d'un seul, vierges de tout traitement lors de l'invasion de la syphilis du foie. Or, en présence d'accidents aussi graves, il fallait agir de suite et énergiquement. Nous avons vu que les altérations du foie étaient dues à une hyperplasie du tissu conjonctif, il faut donc, autant que possible, les saisir par le traitement à une époque où ce tissu se trouve encore à l'état embryonnaire ou, du moins, à une période voisine de cet état. Pour cela, dès les premiers symptômes, il ne faudra pas hésiter à instituer le traitement. Mais quel est celui des deux médicaments employés contre la syphilis qu'il nous faudra choisir? Les accidents que nous avons à soigner coïncident avec des accidents secondaires qui sont passibles du mercure, mais, d'autre part, ils ont pour origine une néoplasie se rapprochant des altérations que l'on ne rencontrerait que dans la période tertiaire, et contre lesquelles on emploie l'iodure de potassium.

Suivant en cela les préceptes du Dr Fournier posés dans ses leçons sur la syphilis du cerveau, nous emploierons le traitement mixte, mercure et iodure de potassium. C'est là ce qui a été fait dans tous les cas observés, et les résultats de cette méthode ne sont pas à discuter, puisque chaque fois le volume du foie est revenu à son état normal; chaque fois, par conséquent, les lésions du foie ont été guéries.

Mais à quelle préparation mercurielle faudra-t-il donner la préférence? Nous voyons qu'indistinctement l'on a employé les pilules de Sédillot, les pilules de protoiodure ou la liqueur de Van-Swieten (sublimé), et que les résultats ont été les mêmes. Cependant, nous ferons remarquer que dans toutes les observations l'on note des troubles digestifs variés, survenant à la suite de l'affection du foie, par conséquent à la suite du traitement ; tout en faisant large part à la syphilis hépatique, nous pouvons nous demander si l'on ne pourrait pas mettre aussi le traitement en cause. C'est là un point à vérifier, ce que l'on pourrait faire en employant la méthode des frictions mercurielles à la dose de 4 à 6 grammes par jour. En même temps, les indications seraient mieux remplies, les effets de ce mode de traitement se faisant sentir presque immédiatement.

Quant à l'iodure de potassium, nous pensons qu'il faut de suite commencer par 1 gr. ou 1 gr. 50, pour arriver rapidement à 4 grammes, en ayant soin de l'administrer au moment du repas, car c'est par ce moyen, et même en faisant prendre la dose en plusieurs fois pendant le repas, que l'on peut le mieux arriver à faire tolérer les doses massives de ce médicament.

Il est nécessaire de continuer ce traitement tant que durent les accidents; s'il n'est pas bien toléré, il faudra chercher si la dose est ou trop forte ou trop faible (car certains malades supportent mieux des doses fortes que les doses faibles), ou bien encore si le moment choisi pour l'administratiun est propice, enfin essayer d'autres préparations. Il est bien rare qu'à la longue on n'arrive pas à une tolérance parfaite.

A côté de ces moyens qui attaquent la syphilis elle-même, il en est d'autres que nous pouvons appeler auxiliaires, et dont l'importance, la valeur sont considérables.

En première ligne, nous placerons les indications à remplir relativement à l'état général des malades qui, le plus souvent, sont débilités, appauvris, anémiés, quelquefois même cachectiques. Ces symptômes sont dignes de toute l'attention du médecin et exigent une médication spéciale :

1° Il sera bon de faire prendre aux malades 2 à 3 douches par semaine que l'on pourra faire alterner avec des bains sulfureux;

2° Faire suivre un régime alimentaire tonique : viandes rôties, même viande crue, etc.;

3° Donner des préparations ferrugineuses, du quinquina, soit sous la forme de vin, ou plutôt d'extrait, lorsque l'état cachectique du malade est manifeste, ou encore de l'huile de foie de morue, le tout accompagné de tisanes amères, excitantes;

4° Enfin, lorsque malgré ce traitement l'état général du malade ne s'améliore pas, les changements de climat, de localité, ont souvent donné de bons résultats.

A côté de ces moyens généraux nous ne saurions trop insister sur les révulsifs cutanés, qui ont donné dans la syphilis du foie d'excellents résultats. Et c'est surtout des ventouses sèches, croyons-nous, qu'il faudra se servir, en en faisant appliquer 12 à 15 chaque matin sur la région hypogastrique; la douleur d'abord diminue rapidement, et n'aurait-on que ce seul résultat qu'il ne faudrait pas hésiter à les employer, mais, à côté de cela, on voit aussi l'hypertrophie suivre sa marche décroissante. Si la résolution était lente à se produire, il serait bon d'appliquer successivement plusieurs vésicatoires volants.

Mais tous les accidents une fois disparus, le malade

ne sera pas considéré comme guéri, et tous les deux mois au plus il faudra lui faire prendre alternativement pendant quinze jours mercure, puis iodure de potassium.

OBS. II. — (Communiquée par M. le Dr Quinquaud, médecin des hôpitaux.) — Syphilis maligne précoce. Ecthyma syphilitique ulcéreux coïncidant avec des plaques syphilitiques géantes nummulaires. Syphilis hépatique et splénique : augmentation de volume de ces deux organes. Traitement mixte et tonique. Guérison.

Le nommé X..., âgé de 44 ans, marié, est entré à l'hôpital Saint-Louis, service de M. Bazin, en août 1871.

Cet homme, d'une bonne constitution, fort bien musclé, travaillait à la campagne depuis un an, mais il revint à Paris de temps à autre. Dans un de ces voyages il y a quatre mois, il eut des rapports suspects avec une femme; ce n'est qu'un mois après environ qu'il vit survenir un bouton volumineux dans la région sub-linguale. Ce bouton devint un ulcère qui avait la grandeur d'une ièce de 5 francs: en même temps se manifestèrent des ganglions de la région sous-maxillaire. Le tout guérit en deux mois. D'ailleurs sur le côté droit de la langue on retrouve encore une cicatrice superficielle, non réticulée, mince, sans induration. Il n'avait jamais eu de chancre, ni d'ulcération des organes génitaux avant la dernière éruption.

Il y a un mois, début de nouveaux accidents qui survinrent assez rapidement, puisqu'il raconte qu'en une semaine il se produisit une éruption sur le cuir chevelu caractérisée par des boutons sur lesquels survinrent des croûtes. Cette éruption s'étendit vite, puis-puisqu'en l'espace de huit jours toute la tête en était couverte. D'ailleurs à cette époque se produisit une céphalée, vive surtout la nuit. Le malade était aussi tout grelottant, il avait continuellement de petits frissons, bien que la température fût assez élevée ; en même temps il éprouvait des malaises, de la courbature, des douleurs vagues, de l'inappétence.

Depuis une quinzaine il ressent un peu de pesanteur à l'hypochondre droit, une légère sensibilité épigastrique; de plus, il éprouve quelques douleurs abdominales, peu vives il est vrai, mais il les remarque cependant, car avant cette époque il n'avait jamais rien éprouvé de ce côté. Le malade dit avoir eu des taches rouges sur la peau, peut-être de la roséole, avant son entrée à l'hôpital.

Etat actuel. — En faisant ouvrir la bouche on voit des plaques muqueuses sur les lèvres, la langue et le côté gauche du voile du palais. Sur le tronc, on remarque des plaques cutanées disséminées. Sur le front, il en existe de larges comme une pièce de cinq francs : ce sont de larges placards occupant le front, les joues, les parties latérales du cou ; les uns sont aplatis, minces, avec desquamation et ressemblent assez à certaines plaques de psoriasis. Mais en suivant leur évolution, on voit que celle-ci se divise en deux périodes ; dans la première, l'épiderme est soulevé légèrement par une petite quantité de liquide ; dans la seconde, se produit la desquamation. C'est dans cette dernière phase qu'il est facile de les confondre avec le vrai psoriasis, bien qu'il y ait des différences notables. Sur d'autres points, ces plaques sont peu saillantes au-dessus de la peau saine ; elles sont comme infiltrées, les unes par place en de petits nodules, les autres uniformément sont un peu éléphantiasiques ; mais cependant pas au même degré que certaines infiltrations scléro-gommeuses des lèvres ou de la face, lésions que l'on rencontre chez certains syphilitiques et dont une variété a été désignée par le nom de léontiasis. Les plaques de notre malade sont loin de présenter cet aspect, mais il y a diminutif de cette lésion.

Sur toute la surface du corps, on voit des plaques et des ulcérations sans croûtes, à bords taillés à pic, à fond grisâtre, irrégulier; ailleurs, ce sont de véritables pustules évoluant par poussées ; une croûte se forme autour d'une zone de suppuration périphérique; dessiccation, croûte, puis nouvelle zone ; il en résulte des croûtes concentriques ressemblant un peu au rupia.

Il ne s'agit pas là simplement d'un ecthyma syphilitique, circonscrit, résolutif, car les ulcérations s'étendent en superficie et en profondeur. Ce travail est très-douloureux, ce qui, uni à l'intoxication syphilitique, à l'insomnie, produit une sorte d'état cachectique du malade. P. 72, régulier. T. r. 38°.

La langue est absolument nette; inappétence; lenteur des digestions et sensation de pesanteur. La pression sur l'abdomen qui est souple ne détermine pas de douleur. Selles colorées.

Examen du foie. — Cet organe dépasse de deux travers de doigt les fausses côtes sur la ligne mamelonnaire. On le sent à peine sur la ligne sternale. Par la palpation, on ne sent aucune bosselure, aucune tumeur. La région hépatique n'est pas douloureuse. Le supérieur remonte à un travers de doigt au-dessous du mamelon. En arrière, on trouve de la submatité dans le quart inférieur de la poitrine (il n'y a pas d'épanchement).

La rate est également plus volumineuse qu'à l'état normal, on peut la sentir par la palpation, elle affleure le bord des fausses côtes. Il existe dans les urines une petite quantité d'albuminurie.

Ce malade n'a jamais habité les pays chauds; il n'a jamais eu de jaunisse, pas de crampes d'estomac, jamais de coliques ni de douleurs vives dans ces régions. Pas de fièvres intermittentes. Pas de scrofule antérieure. Aucune suppuration. Pas d'hémorrhagies. Un peu de douleur de tête. Légères adénopathies cervicales et inguinales, mais n'ayant pas acquis un grand développement.

Nous avons donc affaire ici à une syphilis maligne précoce avec tuméfaction du foie, de la rate, les reins ont été probablement touchés par la syphilis.

Traitement. Pilules de Sédillot. Iodure de potassium (2gr.). Traitement tonique. Vin de Bagnols, extrait de quinquina, poudre d'amidon sur les ulcérations.

Cette médication est suivie régulièrement pendant dix-huit jours, et chaque matin le malade est examiné avec un soin particulier. A partir du huitième jour, le foie a commencé à diminuer, ainsi que la rate; le dix-septième jour l'albumine cessait d'exister dans les urines pour la première fois. Le foie n'est revenu à son état normal qu'après une médication de deux mois, médication qui a toujours consisté en un traitement spécifique mixte et reconstituant.

Nous avons revu plusieurs fois ce malade à la consultation de l'hôpital Saint-Louis, il était bien portant, néanmoins de temps à autre il y a quelques nouvelles poussées d'ecthyma syphilitique.

L'absence de toute espèce de cause ayant pu produire une telle augmentation de volume du foie, l'efficacité merveilleuse du traitement antisyphilitique nous fait admettre des lésions hépatiques d'origine syphilitique, bien que ces altérations se soient manifestées peu de temps après les premiers accidents, c'est-à-dire dans la période secondaire.

Obs. III. — (Communiquée par M. le Dr Quinquaud, médecin des hôpitaux.) — Syphilis maligne précoce. Ecthyma syphilitique profond. Hypertrophie congestive du foie et de la rate. Ictère d'une durée de trois mois. Guérison par le traitement mixte ioduré et mercuriel.

Il s'agit d'un jeune homme de 19 ans, qui entra à l'hôpital Saint-Louis en juillet 1871, pavillon Saint-Mathieu, service de M. Bazin.

Ce jeune garçon était bien constitué, fort vigoureux, n'avait jamais fait de maladies graves, aucune diathèse, aucune affection de longue durée, lorsqu'il contracta la syphilis, il y a un mois environ.

Sa maladie débuta un mois environ après le coït infectant. L'ulcération occupait tout le côté droit de la muqueuse préputiale, était dure, peu sécrétante, peu profonde. Elle a commencé par trois petites grosseurs qui se sont réunies pour constituer une ulcération plus large. En même temps apparurent des ganglions inguinaux, durs, qui n'ont jamais suppuré et n'ont jamais eu l'aspect phlegmoneux : les premiers temps la douleur était bien plus vive qu'en ce moment. Le chancre n'a été cicatrisé que deux mois après son apparition.

Les accidents secondaires auraient débuté près de deux mois après le chancre : la santé générale a été de suite atteinte. Le malade a éprouvé des frissonements deux à trois fois par jour, du malaise, de la courbature excessive avec des sueurs abondantes comme dans le rhumatisme : de l'insomnie avec agitation et céphalée nocturne fut encore un signe précoce. La durée de ces phénomènes généraux fut de douze jours environ. En même temps apparurent des arthropathies du coude et du genou droit avec léger épanchement dans ce dernier : ces derniers accidents ne durèrent qu'une dizaine de jours.

Quinze jours après la diminution de tous ces accidents, le malade se plaignit d'une gêne épigastrique sans fièvre, avec un certain degré d'inappétence ; puis son ventre augmenta un peu de volume. Quelques jours avant avait apparu une éruption érythémateuse par plaques disséminées sur tout le corps ; des boutons, des croûtes se montrèrent aussi dans le cuir chevelu ainsi qu'en divers points du corps des placards rouges.

A ce moment il alla voir un pharmacien qui lui fit laver son chancre avec du vin aromatique, lui donna des pilules qui n'ont pas été prises. Il a préféré suivre les conseils d'un ami étranger à la médecine qui lui assura qu'il pouvait se guérir avec des onctions à l'onguent napolitain. Celles-ci n'ont d'ailleurs été pratiquées que deux ou trois fois. Depuis le malade n'a fait aucun traitement.

Aujourd'hui ce jeune homme a le pouls à 70, la température rectale à 37°,9. Sans appétit, bien que la langue soit humide et normale : la digestion est lente et pesante ; de temps à autre il y a quelques douleurs gastriques. Abdomen souple, les selles ne sont pas décolorées.

L'examen du foie dénote un organe très-volumineux, la matité sur la ligne axillaire est de 18 cent., il déborde notablement les fausses côtes. On ne trouve à sa surface ni dépression, ni saillie, c'est une tuméfaction diffuse, dénotant une hypertrophie générale et non partielle. On trouve partout la résistance d'un parenchyme assez dur. La rate est également hypertrophiée, elle déborde légèrement les fausses côtes.

Nous interrogeons avec soin le malade qui nous apprend n'avoir jamais eu de fièvres intermittentes, n'avoir pas habité de pays à fièvre, ne pas avoir abusé d'alcooliques, d'ailleurs on n'en trouve trace ni dans des pituites, ni dans du tremblement.

On trouve sur divers points du corps : jambes, cuisses, abdomen, cou, et même région faciale : 1° des croûtes épaisses, rocheuses, d'un vert brunâtre entourées d'une zone épidermique en voie d'exfoliation ; 2° des croûtes noirâtres entourées d'une zone purulente, dont le liquide se dessèche rapidement ; 3° d'autres croûtes, étalées, à couches concentriques comme des écailles d'huîtres, non entassées dans le derme et qui, pressées, laissent à peine suinter quelques gouttes de pus. Ailleurs on voit des ulcérations arrondies à bords taillés à pic, non décollées, peu enflammées, les unes de la grandeur d'une pièce de 50 centimes, d'autres de la grandeur d'une pièce de 1 franc. Il s'agit là d'une syphilis polymorphe avec syphilides ulcéro-croûteuses, ecthyma, et rupia syphilitique précoce.

La peau a une couleur ictérique, jaune ocre, les urines tachent le linge, et donnent par l'acide nitrique une coloration verte, caractéristique de la biliverdine. Elles ne contiennent pas d'albumine. La coloration des urines ne persiste que pendant six jours après le début du traitement : les matières fécales sont décolorées, mais la décoloration ne dure que deux jours manifestement, après avoir été un peu argileuses elles reprennent leur coloration normale. Jamais eu d'hémorrhagie. Le chancre se cicatrise à ce moment. Il y a encore quelques ganglions inguinaux et cervicaux hypertrophiés (adénopathie syphilitique). La céphalée a diminué, le sommeil est meilleur.

Traitement. — 2 grammes d'iodure de potassium, 2 cuillerées à bouche de liqueur de Van-Swieten, 15 ventouses sèches sur les régions hépatiques et spléniques, répétées tous les cinq jours. Extrait de quinquina 2 grammes, vin de Bagnols. Au bout de quinze jours de ce traitement on remarque que le foie a diminué de volume, ce que l'on peut constater à l'aide des limites tracées avec le nitrate d'argent et la mensuration directe. Il en est de même pour la rate. En même temps la sensation de pesanteur abdominale, sensible surtout pendant la marche, diminue. La teinte ictérique de la peau diminue de plus en plus, et finit par disparaître au bout de trois mois et demi seulement à une époque où le foie, bien qu'encore un peu volumineux, était presque revenu à son état normal.

L'appétit, les forces étant revenues, le malade demande sa sortie de l'hôpital. Il sort, mais il revient tous les quinze jours à la consultation et nous avons pu le suivre pendant trois mois et demi : le foie était à peu près revenu à son volume normal, la teinte jaune n'existait plus depuis longtemps.

En même temps, les ulcérations, les croûtes étaient recouvertes de poudre d'amidon et lorsque les croûtes tombèrent on recouvrit leur place d'un emplâtre de Vigo opiacée.

Ce malade qui, au moment de son entrée à l'hôpital, était pâle, amaigri, cachectisé, d'une sensibilité extrême provoquée par un état douloureux, hyperesthésique, maintenant engraisse et augmente de poids peu à peu. Cependant de temps à autre surviennent quelques poussées d'ecthyma, ulcérées profondément, malgré le traitement le mieux dirigé.

Nous le revoyons en octobre, son embonpoint est excellent, il est encore un peu pâle, et il reste sur les joues des cicatrices, lisses, superficielles, non aréolées, non réticulées, non kéloïdiennes, mais entourées d'une zone brunâtre, pigmentée, caractéristique.

En résumé, syphilis grave, dès le début, de laquelle s'est produite sans cause connue des phénomènes congestifs considérables du foie et de la rate, phénomènes guérissant sous l'influence du traitement spécifique. Longue durée, tendance à la récidive, tout plaide en faveur d'une syphilose viscérale.

HÉPATITE SYPHILITIQUE TERTIAIRE

On a donné ce nom à des lésions du foie que l'on rencontre à une période avancée de la syphilis. Ces lésions se manifestent sous deux formes différentes :

1° Hépatite interstitielle; — 2° Hépatite gommeuse.

Ces deux formes se rencontrent presque toujours, sinon toujours associées; considérées longtemps comme étant d'un ordre tout différent, il semble aujourd'hui admis comme l'a montré M. Lacombe « qu'il n'y a dans le processus anatomique de ces deux formes aucune différence fondamentale. » Quoi qu'il en soit nous les maintiendrons encore séparées pour en faciliter la description.

Le plus souvent cette hépatite s'accompagne de périhépatite que Virchow avait considérée comme étant sous l'influence directe de la syphilis, nous la décrirons, mais seulement comme conséquence des autres lésions. Il en sera de même de la dégénérescence amyloïde décrite par Dittrich et Frerichs comme une forme spéciale et qui en somme n'est qu'une conséquence d'une cachexie dont la cause peut tout aussi bien être la tuberculose par exemple que la syphilis.

ANATOMIE PATHOLOGIQUE

Lorsque l'on ouvre la cavité abdominale d'un malade mort d'hépatite syphilitique, le plus souvent on est frappé par les adhérences aussi nombreuses que résistantes qui unissent le foie aux parties qui l'environnent et principalement au diaphragme. Ces adhérences sont dues à une *périhépatite* plus ou moins intense qui s'est produite pendant la vie parallèlement aux lésions du foie. D'une façon générale l'on peut dire que son intensité est en rapport avec celle de l'altération intérieure de l'organe. Tantôt elle ne produit à la surface du foie que de larges plaques d'une couleur blanc laiteux, d'aspect nacré, plus ou moins épaisses, plus ou moins dures à la coupe, mais le plus souvent l'inflammation se propage au péritoine puis aux parties environnantes, il y a hyperplasie conjonctive, puis formation de tissu fibreux qui détermine entre le foie et les autres parties atteintes, surtout le diaphragme, des *adhérences* que nous allons décrire. Cependant il est des points où ce tissu fibreux de nouvelle formation ne se continue pas avec la capsule de Glisson, mais glisse sur le tissu hépatique, l'entoure, lui formant une sorte de coque. Nous avons fait la dissection d'un foie qui présentait avec le diaphragme des adhérences de plus de 1 centimètre d'épaisseur (obs. VI.).

Le lobe droit, réduit au volume du poing à peine, était comme englobé dans une coque fibreuse très-résistante.

De celle-ci partaient des cloisons d'une épaisseur de 2 à 3 millimètres qui venaient se continuer avec des tractus fibreux sillonnant la surface du lobe; de sorte que de petits lobules de tissu hépatique se trouvaient en quelque sorte emprisonnés entre ces tractus; tantôt ils n'étaient pas adhérents, tantôt au contraire ils présentaient des adhérences si résistantes qu'on ne pouvait les rompre sans entamer le tissu du foie. Le lobe droit était ainsi réuni intimement au diaphragme par des adhérences empêchant toute mobilité et gênant considérablement pendant la vie l'accomplissement de ses fonctions. Il semble donc que c'est au point où se formeront plus tard les dépressions fibreuses qu'au début le travail pathologique a été le plus intense, puisque c'est surtout de ces points que l'inflammation s'est propagée, laissant comme preuve les adhérences telles que nous venons de les mentionner. A côté de ces adhérences courtes, résistantes, s'en trouvent d'autres occupant les parties les moins malades de l'organe, résistantes aussi, mais longues, effilées. Celles-ci, placées toujours sur la face convexe où sur les bords, partent soit de cicatrices étoilées que nous décrirons plus tard, soit de tractus fibreux; elles sont plus larges à leurs points de départ et d'arrivée qu'en leur milieu; voici comment nous nous expliquons leur formation. Au moment où se produit le travail pathologique qui doit aboutir à la formation soit de cicatrices, soit des brides ligamenteuses, il se forme des adhérences en ces points où l'inflammation est la plus intense. Nous avons dit que ces adhérences longues, effilées, existaient surtout sur les parties les moins malades, or lorsque le lobe le plus gravement atteint est en quelque sorte enclavé, que ses mouvements sont devenus impossibles, ceux des autres parties de l'organe se font autour de lui comme axe, dans ses mouvements d'abaissement le lobe qui est le moins malade exerce sur les adhérences qui l'unissent au diaphragme des tractions continuelles. Celles-ci s'allongent de plus en plus, s'effilent, de façon à nous donner l'aspect que nous avons signalé; et ce mécanisme nous explique encore pourquoi elles sont bien plus minces en leur milieu qu'à leurs points d'attaches.

Lorsque ces adhérences ont été enlevées, travail qui le plus souvent donne lieu à une dissection laborieuse, on peut alors juger de la forme particulière du foie.

Telles sont les conséquences de la périhépatite; mais notre description ne serait pas complète si nous ne signalions pas avec Virchow, à côté des épaississements de la capsule de Glisson, à côté des adhérences lâches ou résistantes, des points où la capsule n'est pas épaissie mais présente à sa surface des masses de petites granulations de la grosseur d'un grain de sable.

Dimensions du foie syphilitique. Interprétation. — Les dimensions de foies syphilitiques trouvés dans les autopsies sont bien différentes suivant les cas, et ces variations ne portent pas seulement sur le volume de l'organe entier, mais encore sur le rapport qui existe entre celui de ses différentes parties. Sur 30 cas Frerichs a trouvé 17 fois le volume diminué, 6 fois augmenté, 7 fois normal. Waguer, Biermer cités par Verflassen (thèse d'Iéna, 1877), ont trouvé : le premier sur 6 autopsies 3 fois une augmentation de volume, 1 fois une diminution, 2 fois le volume normal ; le second, sur 3 cas, 2 fois le foie plus gros, 1 fois plus petit que normalement.

Voici les résultats des 40 cas que nous avons réunis : hypertrophie simple, 4 ; volume normal, 7 ; atrophie, 13 ; atrophie gauche, 5, sur lesquelles 4 fois il y avait une hypertrophie du lobe droit.

Atrophie droite, 7, sur lesquelles 4 fois il y avait une hypertrophie du lobe gauche.

Enfin 1 fois il y eut hypertrophie gauche, le lobe droit conservant son volume normal, et une autre fois l'inverse se produisit.

En résumé trois cas peuvent se présenter : ou bien il y a hypertrophie générale de l'organe, ou bien le foie a un volume équivalent à son volume normal, ou encore il y a atrophie et alors celle-ci peut être généralisée ou partielle. Il nous faut maintenant analyser ces trois états pathologiques, qui pour nous ne sont que des périodes d'une même maladie.

Celle-ci en effet débute par un état aigu, caractérisé par une congestion, une hyperémie du foie se dénotant par trois symptômes qui nous sont déjà familiers : hypertrophie de l'organe, douleur, ictère, Ces symptômes peuvent cependant ne pas exister et la lésion se former insidieusement. Enfin, quel qu'ait été son début peu à peu elle s'établit, suit son cours, le foie gonflé, tuméfié, commence à revenir sur lui-même ; dans cette marche décroissante il arrive un moment où il a un volume équivalent à son volume normal. A ce moment les malades peuvent mourir d'une affection intercurrente, alors à l'autopsie on trouvera un foie malade mais n'ayant donné lieu à aucun trouble pendant la vie. Plus tard la lésion suivant son cours, tous les phénomènes produits par la cirrhose atrophique se manifesteront. A l'autopsie on trouvera un foie atrophié. Ainsi donc trois états différents du foie que nous avons à étudier au point de vue anatomique d'abord, au point de vue clinique ensuite.

1re Période. — *Hypertpophie.* — Nous ne voulons parler ici que des lésions produites par l'hépatite elle-même et non par l'hypertrophie qui peut être due à une dégénérescence amyloïde.

Il est rare que l'on puisse observer un hépatite syphilitique au début ; cependant M. Lancereaux, en France, Dittricht, Biermer, Frerichs, Virchow, en Allemagne, admettent une période hypertrophique précédant l'atrophie, lésion que le plus souvent on constate à la fin de la maladie. Cette augmentation de volume du foie reconnue d'abord pendant la vie a été depuis vérifiée par l'examen anatomique chez des malades morts de maladies intercurrentes. Ce sont les lésions qui se produisent que nous avons admises dans la syphilis hépatique secondaire et intermédiaire ensuite, avec des degrés d'intensité moindre, que nous allons maintenant étudier plus en détail.

Alors que le foie est hypertrophié, il peut déjà présenter deux degrés différents de l'affection, l'hypertrophie étant générale. Tantôt, en effet, tout en conservant sa forme primitive, sa surface est lisse, unie, tantôt on distingue déjà de petites granulations formées par des îlots de lobules hépatiques agglomérés déjà entourés de tissu conjonctif. Quelles sont donc les lésions qui existent alors? Nous allons tenter de résoudre la question en empruntant les idées de MM. Cornil et Ranvier et Hanot.

Ces auteurs admettent aussi, comme ceux que nous avons déjà cités, une phase hypertrophique dans les périodes du début de l'hépatite syphilitique, et l'attribuent à des poussées hyperémiques, inflammatoires même. Dans ces cas, dès le début, c'est-à-dire alors que la surface du foie, gris jaunâtre, ne présente encore à l'œil nu aucune granulation, « on reconnaît que les espaces prismatiques qui séparent les lobules ou même toute la zone cellulaire de la capsule de Glisson périlobulaire sont épaissis et montrent des cellules rondes embryonnaires. » Dans cette période les branches interlobulaires de la veine porte sont entourées de ces mêmes cellules rondes, leurs parois en sont aussi infiltrées dans leur membrane externe. « Autour de la veine centrale lobulaire, il s'est formé aussi une zone de tissu connectif embryonnaire épaisse parfois d'un demi-millimètre, et séparant cette veine du réseau des cellules hépatiques. » Au début ce sont donc seulement des éléments cellulaires qui déterminent l'hypertrophie de l'organe, mais peu à peu ces éléments, embryonnaires d'abord, deviennent fibreux, puis denses et tendent à se rétracter. Tandis que dans la période embryonnaire proprement dite le foie est lisse, peu résistant, se laisse facilement déchirer par l'ongle, dans la période d'organisation il devient peu à peu dur, résistant, granuleux, état que nous avons déjà signalé. Mais pendant cette période hypertrophique « caractérisée par l'abondance extrême d'un tissu conjonctif embryonnaire en vertu de l'action continuelle et intense de la cause productrice, en vertu aussi, sans doute, d'une prédisposition spéciale du sujet », il peut se produire un état inflammatoire qui se communique alors aux canalicules biliaires, y détermine une prolifération épithéliale, un état catarrhal producteur de l'ictère. Ainsi, en résumé : tissu conjonctif embryonnaire d'abord déterminant l'hypertrophie à surface lisse, c'est la période initiale, essentiellement du début de la maladie ; puis ensuite : tissu conjonctif organisé, se rétractant et déterminant l'hypertrophie granuleuse, c'est déjà une période plus avancée.

2e Période. *Volume normal.* — L'on s'explique facilement que, après avoir été hypertrophié, le foie revenant sur lui-même, il puisse y avoir un moment où il aura son volume normal. Cette expression de volume normal est peut-être mauvaise, il vaudrait mieux dire volume équivalent au volume normal.

En effet, à cette époque déjà, si le volume du foie semble normal, c'est que à la place des éléments cellulaires de la glande, dissociés, séparés, il s'est formé une trame de tissu conjonctif, pouvant donner à l'organe ses proportions habituelles. On voit alors, quoique la glande puisse encore avoir son volume normal, sa surface parsemée de petites éminences arrondies, séparées les unes des autres par un épaississement fibreux de la capsule de Glisson, et présentant le volume d'une tête d'épingle jusqu'à celui d'une noisette. A ce moment déjà l'on peut rencontrer en certains points de petits noyaux gommeux, venant s'ajouter à l'hépatite interstitielle. C'est là en somme une période intermédiaire entre l'hypertrophie et l'atrophie, période dans laquelle la poussée inflammatoire qui s'était propagée parfois du côté des canalicules biliaires est terminée, et, par conséquent, l'ictère, l'hypertrophie avec elle, et où la rétraction du tissu fibreux périvasculaire n'est pas encore telle qu'elle puisse produire la gêne circulatoire, avec sa conséquence, l'ascite.

Il pourrait cependant se faire que l'affection du foie soit assez avancée pour déterminer des troubles marqués dans les fonctions de l'organe, et que néanmoins ces troubles ne surviennent pas, c'est qu'alors à côté de l'atrophie de certains lobules hépatiques il y a chez d'autres une hypertrophie compensatrice, aussi bien au point de vue physique qu'au point de vue fonctionnel. C'est là un fait que nous ne faisons que signaler, que nous étudierons plus tard plus en détail, mais qui nous permet déjà d'expliquer pourquoi dans certains cas des lésions avancées n'ont donné lieu pendant la vie à aucun symptôme.

3e PÉRIODE. *Atrophie.* — C'est la période la plus importante de l'affection, celle que l'on rencontre à l'autopsie des syphilitiques morts par leur foie; dans ses autres périodes la maladie de foie ne pouvait que contribuer à déterminer la mort, ici elle suffit à elle seule. Nous ne nous occuperons d'abord que de la forme atrophique pure, nous réservant ensuite d'interpréter les cas nombreux dans lesquels à côté de l'atrophie, non plus d'un lobule, mais d'un lobe entier, il y a hypertrophie d'un autre.

Les lésions que l'on rencontre à cette époque sont celles de la gomme et de l'hépatite interstitielle; nous avons déjà dit que longtemps regardées comme indépendantes elles sont aujourd'hui considérées comme conséquence d'un même processus anatomique, surtout depuis la thèse de M. Lacombe, qui a proposé de désigner l'une sous le nom de syphilis infiltrée, l'autre sous le nom de syphilis nodulaire. Pour cet auteur « tout tissu embryonnaire a deux destinées possibles : ou il mourra de bonne heure et pour ainsi dire d'inanition », — c'est là le cas de formation de la gomme, — « ou il aura le temps de se développer, de devenir adulte et de constituer un véritable tissu conjonctif. » — c'est ce qui arrive pour l'hépatite interstitielle.

Lorsqu'après avoir retiré le foie atteint d'hépatite syphilitique, de la cavité abdominale, on l'a débarrassé de toutes ses adhérences, l'on est frappé de l'aspect particulier qu'il présente. Il est dans tous les sens creusé de nombreux sillons, se réunissant les uns aux autres; se ramifiant de façon à séparer l'organe en nombreux ilots; tantôt il y a de simples dépressions entourant de volumineux lobules, tantôt au contraire les sillons profondément creusés, semblent en quelque sorte vouloir énucléer les lobules qu'ils entourent. Nous ne pouvons mieux faire, du reste, que de transcrire ici l'excellente description que M. Lancereaux a donnée. « Les bords sont anfractueux, irréguliers, méconnaissables; ses faces bosselées, inégales, sont labourées par de nombreux sillons qui le plus souvent irradient du ligament suspenseur, et au fond desquelles existe un tissu fibreux résistant. Par suite de cette disposition, la surface de la glande hépatique, présente un aspect lobulé, et une certaine ressemblance avec la disposition du rein des jeunes veaux. » Virchow insiste sur ce fait, que c'est surtout du voisinage du ligament suspenseur que portent les sillons principaux, que dans certains cas ces sillons n'existent qu'en ce point seul, et tire de là une conséquence étiologique importante. Dans tous les cas cet état lobulé est toujours bien plus manifeste, bien plus accentué à la face convexe, qu'à la face inférieure.

On rencontre souvent à la surface du foie en certains points où l'aspect lobulé est peu manifeste, de larges plaques laiteuses dues à une inflammation de la capsule de Glisson, et surtout des cicatrices blanchâtres, étoilées, à bords irréguliers desquels partent des tractus fibreux qui vont se confondre avec les épaississements de la capsule. Ces cicatrices le plus souvent nombreuses seraient de règle pour Virchow, Frerichs; et très-fréquentes pour M. Lancereaux. Dues à la résorption de gommes développées à la superficie du foie, M. Lancereaux établit dès 1862, qu'elles étaient un signe presque certain de la nature syphilitique des lésions du foie en les différenciant nettement des cicatrices dues au corset chez les femmes, aux traumatismes, à la guérison des abcès etc.

Nous avons supposé jusqu'à présent ces altérations répandues également sur toute la surface du foie, en même temps une atrophie générale, mais il arrive tout aussi bien qu'une partie, un lobe seul est atrophié, l'autre hypertrophié, ou de volume normal. Nous avons en effet rencontré 6 fois une atrophie gauche qui quatre fois s'accompagnait d'une hypertrophie droite, et sept fois une atrophie droite s'accompagnant quatre fois d'hypertrophie gauche. Enfin ces jours-ci, nous avons eu l'occasion de voir à la Pitié une hépatite dans laquelle le lobe carré était tellement hypertrophié que le foie avait un volume équivalent au volume normal malgré une atrophie énorme des autres lobes, surtout du lobe droit.

L'on peut se demander de quelle nature est cette hypertrophie? Nous n'hésiterons pas à répondre que si souvent elle est due à une dégénérescence amyloïde, il existe aussi bien des cas où il y a une véritable *hypertrophie compensatrice*. Et ceci, comme nous l'ont déjà fait remarquer M. Leudet, puis M. Lacombe, explique certaines formes latentes de la maladie. Il est parfaitement admissible, en effet, qu'une partie du foie étant atrophiée, ne fonctionnant plus, ou du moins ne fonctionnant qu'imparfaitement, une partie voisine vienne par une exagération de ses fonctions compen, ser celles de l'autre ; et cela s'explique d'autant mieux que pour Virchow il y aurait dans ces cas d'hypertrophie spéciale une augmentation des acini et des cellules du foie. Non-seulement cette compensation peut exister d'un lobe à un autre, mais aussi dans un même lobe de lobule à lobule, ou du moins de groupe à groupe de lobules, et ceci nous expliquera comment il se fait qu'un foie sclérosé mais ayant encore son volume normal ou à peu près pourra cependant fonctionner régulièrement, et ne donner lieu à aucun trouble morbide.

Enfin, outre ces déformations qui sont habituelles, nous avons rencontré deux observations dans lesquelles une forme toute particulière est notée. L'une fut présentée en 1869 à la Société anatomique par M. Alling, alors interne de M. Millard, l'autre est de Frantz Riegel, et rapportée dans les Archives allemandes de médecine clinique (1872). Dans ces deux cas l'on avait senti pendant la vie dans l'hypochondre droit une tumeur de la grosseur du poing environ qui semblait indépendante du foie. A l'autopsie l'on reconnut qu'il y avait en effet une tumeur, mais qu'elle était rattachée au foie par un pédicule long et grêle, et que, du reste, elle affectait une structure, une lobulation analogue à celle du reste de l'organe.

Cet aspect lobulé peut être dû à l'hépatite gommeuse. On trouve alors à la surface du foie des tubercules marronnés de grosseur variable, de forme hémisphérique, de couleur gris foncé à leur périphérie, jaunâtre à leur centre. Pendant longtemps ces néoplasmes ont été pris pour du cancer, et c'est à leur guérison que l'on doit sans aucun doute attribuer les prétendues guérisons du cancer.

En faisant une coupe du foie on est frappé d'abord de la dureté, de la résistance que donne le parenchyme et en même temps par sa couleur plus ou moins jaunâtre. Le travail qui à la superficie avait donné cet aspect lobulé tout particulier semble s'être continué dans l'épaisseur de la glande, comme le montrent de nombreuses bandelettes fibreuses, comprimant les parties du tissu hépatique comprises entre elles, se réunissant les unes aux autres et à celles qui déterminent la lobulation périphérique. Si l'on fait une coupe au niveau d'un sillon on voit qu'il est formé par une bande de tissu fibreux, dense, résistant, de couleur grise à la superficie, blanc à mesure qu'il devient plus profond, et semblant s'enfoncer comme un coin entre les lobules. Il se continue ensuite avec les tractus analogues, mais de dimensions moindres, qui sillonnent la profondeur de l'organe. A côté de cela on trouve disséminées dans toute la glande, plus nombreuse au centre qu'à la périphérie, des tumeurs jaunes ou blanchâtres, quelquefois rouge clair ou rouge foncé, le plus souvent énucléées, ce sont des gommes. Quelquefois on ne rencontre qu'un petit nombre de tumeurs, parfois une seule, mais à côté de cela dans bien des cas le tissu hépatique en est complétement farci. Ces syphilomes ont une grosseur variable, quelquefois pas plus gros qu'un grain de chènevis, d'autres fois de la grosseur d'une noisette, enfin il en a été signalé qui offraient les dimensions d'une noix et même d'un œuf de poule (Wagner), mais ce sont là de rares exceptions. En faisant la section de ces tumeurs on les voit formées d'une partie périphérique homogène, semblant limitée elle-même en dehors par une coque fibreuse, et devenant caséeuse à mesure qu'elle s'approche du centre. Ces gommes sont susceptibles de disparaître soit par régression graisseuse, soit par résorption, et de laisser ces dépressions cicatricielles étoilées si bien décrites par M. Lancereaux qui les a trouvées 14 fois sur 22 cas de syphilis viscérale. Outre ces cicatrices de la superficie M. Lancereaux en admet aussi de l'intérieur de l'organe, offrant cette même disposition étoilée et pouvant se relier, par des tractus fibreux, les unes aux autres.

Telles sont les lésions que nous pouvons reconnaître à l'œil nu, voyons maintenant ce que va nous donner le microscope. Le foie se compose essentiellement de lobules attachés en quelque sorte à un pédicule, la veine centrale, et formés des cellules hépatiques, entre les lobules circulent les vaisseaux veineux portes, artériels, hépatiques, canalicules biliaires, et lymphatiques, le tout entouré, englobé par un tissu conjonctif interstitiel. Examinons successivement les altérations de ces différentes parties.

L'aspect lobulé produit par ces tractus fibreux épais, que nous avons pu reconnaître à l'œil nu, est encore bien plus apparent au microscope, et il est facile de se convaincre de suite que c'est dans le *tissu interstitiel* que se trouve l'origine des lésions hépatiques. L'hyperplasie conjonctive n'a pas porté seulement comme dans la cirrhose vulgaire sur le tissu interlobulaire, mais elle s'est produite partout où se trouvait le tissu conjonctif aussi bien à l'intérieur des lobules qu'à leur périphérie, en un mot il y a cirrhose péri et intra-lobulaire. Les altérations se présentent sous la forme de bandelettes fibreuses, s'entre-croisant, se coupant dans tous les sens, comprimant en certains points, une série de lobules qu'elles ne pénètrent pas, le plus souvent envoyant entre eux des prolongements qui les pénètrent. Ce qui frappe donc d'abord c'est l'irrégularité des lésions. Mais ce qu'il y a de plus intéressant peut-être, c'est la pénétration de l'hyperplasie conjonctive entre les cellules mêmes qui constituent le lobule. « Lorsque le tissu de nouvelle formation pénètre dans un lobule, il y conserve encore la même forme de tractus, le fragmente, plutôt qu'il ne l'infiltre. » Ces taches s'étendant dans tous les sens du centre à la périphérie du lobule, dissocient les cellules, les séparent tantôt par groupes, tantôt même les unes des autres. La plupart de celles-ci s'altèrent, deviennent tout à fait graisseuses ou subissent la dégénérescence amyloïde.

A mesure que l'atrophie fibreuse se produit les petits *vaisseaux portes* et *hépatiques* peuvent être comprimés, et le sont même généralement, d'où obstacle mécanique à la circulation et ascite ; il se passe là le même fait que dans la cirrhose vulgaire, c'est un simple effet mécanique. Non-seulement leur calibre peut être amoindri, mais encore leur lumière peut complètement disparaître soit par le fait de la formation dans leurs parois mêmes de tissu cicatriciel, soit par suite d'un thrombus, soit encore par rétraction du tissu fibreux. Nous trouvons dans Verflassen une description des altérations qui peuvent se produire dans les grands vaisseaux, (thèse d'Iéna, 1877). Pour cet auteur c'est seulement lorsque les lésions du foie sont récentes que les gros vaisseaux sont intacts, si elle sont très-avancées on trouverait des lésions notables de ces gros vaisseaux et même de la veine porte et de la veine cave.

« Parmi ces lésions notons d'abord celles-ci ; les vaisseaux sont entourés d'une gaîne de tissu conjonctif serré de l'épaisseur d'une ligne ou plus. Dittrich l'a décrit : il a vu la disparition de la paroi des vaisseaux, si bien que ceux-ci étaient seulement représentés par du tissu calleux, se confondant avec celui de la cicatrice. Dans un cas le microscope montrait un vaisseau dont la tunique adventice se continuait sans délimitation avec le tissu cicatriciel environnant. Virchow décrit ces lésions pour les vaisseaux portes, Wagner pour les veines hépatiques. Les vaisseaux sont ainsi aplatis latéralement, leur lumière n'est plus qu'une fente, on voit même les parois mises en contact se souder l'une à l'autre par formation de tissu embryonnaire, dans d'autres cas leur lumière reste ronde et béante. Ces lésions se trouvent dans l'épaisseur ou autour des masses conjonctives, on peut donc admettre que l'inflammation s'est propagée à la paroi vasculaire. Mais dans des cas aussi nombreux on les rencontre dans le tissu hépatique normal. Elles se sont donc étendues non-seulement aux points entourés de tissu conjonctif, mais à tout le parcours du vaisseau, le point de départ étant le tissu conjonctif. Il y a donc une inflammation diffuse de la gaîne avec prolifération du tissu conjonctif. La cause de cette inflammation réside tantôt dans l'influence des parties malades du foie, tantôt dans l'influence de la capsule de Glisson d'où elle se propage par le tissu conjonctif qui entoure la veine cave : en effet, un vaisseau peut être épaissi en dehors de la substance hépatique.

« Le processus se limite le plus souvent à la gaine et à la paroi du vaisseau. Quand il n'est pas situé par hasard dans du tissu calleux, il se distingue nettement du tissu sain environnant. On peut voir aussi un vaisseau sain à côté d'un malade. Virchow a vu dans un cas la paroi du vaisseau plissée avec la gaîne épaissie. L'auteur n'a pas remarqué cela. Au contraire quand la gaîne était épaissie la paroi était toujours unie. Il admet que dans les cas où l'inflammation était intense le vaisseau doit se rétrécir sans se plisser, car la paroi prend part à la rétraction. Est-elle au contraire légère, limitée à la gaîne, la paroi restée intacte doit se plisser sous l'influence de la rétraction de la gaîne.

« Les plis s'observent le plus souvent sur la veine porte et s'étendent à quelques rameaux. On ne les poursuit que difficilement dans les ramifications de second et de troisième ordre. La direction des plis est le plus souvent parallèle au diamètre transverse des vaisseaux, plus rarement il y a en même temps des plis longitudinaux, enfin il est exceptionnel que les plis longitudinaux se voient au pourtour des ramifications portes. De la même paroi de la veine cave est presque toujours plissée. Dans quelques cas à côté d'inégalités de la paroi des plis se voyaient à la partie supérieure à côté du tissu hépatique. Ces plis sont presque partout parallèles à l'axe longitudinal. A une place un pli occupait tout le pourtour et le vaisseau était retréci de la moitié de sa lumière. Les plis se trouvent le plus souvent à l'embouchure des grosses veines hépatiques, dans la lumière desquelles ils se continuent longitudinalement, ce qui leur donne un aspect étoilé ou en fente. Les plis longitudinaux ou transversaux ne suivent que rarement dans les petites veines. Ces plis contribuent à diminuer le calibre des vaisseaux et sont un obstacle au cours du sang. Quelquefois on voit la lumière des vaisseaux rétrécie par des tumeurs hépatiques ou par des excroissances qui font hernie sur un point de la paroi. D'autres fois la paroi présente une dépression au niveau de laquelle le tissu est plus serré. Quand les différentes parties du foie sont appliquées l'une contre l'autre, les vaisseaux peuvent être courbés sur un point, ou bien, on peut croire à une courburé quand un vaisseau béant se continue avec une partie oblitérée et qu'on y voit s'aboucher une ramification béante. Dans un cas de Dittrich il y avait une dilatation remarquable des vaisseaux dans les parties hypertrophiées (lobe gauche suppléant au lobe droit.) Mais en somme la veine cave est toujours relativement étroite. »

En résumé, d'après cette description des altérations des gros vaisseaux, nous pouvons conclure que les lésions doivent débuter par le système vasculaire, aussi bien porte qu'hépatique, puisque nous le voyons se propager aux gros vaisseaux auxquels ils aboutissent, même en dehors de la substance hépatique (tronc de la veine cave, et de la veine hépatique).

Les *canalicules biliaires* sont le plus souvent intacts; quelquefois cependant les petites voies peuvent être oblitérées, comprimées par une gomme; les lésions des gros canaux sont encore plus rares, du moins à la période ultime, car au début nous avons déjà noté un état catarrhal. Virchow, Biermer, Frerichs ont trouvé de gros canaux biliaires comprimés, et cette compression avait déterminé de l'ictère. M. Lancereaux a signalé une compression des gros troncs par des ganglions lymphatiques. Dittrich, Wagner signalent à côté, des cas où il y avait dilatation de ces canaux.

En résumé, il semble que les canaux biliaires résistent mieux aux dégénérescences que les vaisseaux sanguins. Peut-être cela tient-il à ce que leurs lésions ne donnent pas lieu à des troubles fonctionnels aujourd'hui appréciables.

Enfin M. Hayem a trouvé des lésions des *vaisseaux lymphatiques* en faisant des recherches histologiques au sujet de la thèse de M. Lacombe; il y aurait « une périlymphangite que l'on pourrait comparer à la lymphangite noueuse que l'on observe dans l'épaisseur de la peau ». Mais jusqu'à présent les connaissances ne sont pas encore assez avancées sur ce sujet pour que l'on puisse supposer que la lésion débute par les vaisseaux lymphatiques, quoique l'irrégularité qui existe dans cette forme d'hépatite interstitielle semble venir à l'appui de cette manière de voir.

Nous avons donné déjà l'aspect macroscopique des *gommes*, il nous faut maintenant décrire ce qu'elles donnent à l'examen au microscope. L'aspect sera différent suivant que les gommes seront récentes ou d'ancienne date. Dans le premier cas, d'après MM. Cornil et Ranvier, on voit qu' « elles sont constituées par de petits nodules microscopiques dont le centre subit déjà une atrophie et une dégénérescence granuleuses portant sur les cellules, tandis que les cellules rondes de la périphérie se confondent avec le tissu embryonnaire voisin. Les grosses gommes sont constituées par un grand nombre de ces nodules » .

Dans les gommes anciennes, on peut distinguer trois parties même à l'œil nu : une centrale, jaune, ramollie; une autre plus excentrique, plus résistante, élastique, et enfin autour une zone fibreuse qui semble l'isoler. La partie centrale « caséeuse renferme des éléments cellulaires, petits, rapprochés les uns des autres, remplis de fines granulations et en dégénérescence granulo-graisseuse ». La partie jaune élastique est constituée par des lacunes de tissu conjonctif contenant des granulations plus volumineuses » , enfin, dans la zone fibreuse, on rencontre « des trousseaux de fibres de tissu conjonctif très-serré et dense, parcouru par des vaisseaux sclérosés et contenant entre les fibres, soit des cellules rondes, soit des cellules aplaties » .

Cette zone fibreuse, parfois très-dense, forme autour de la gomme une espèce de coque limitante. Tout autour existe une périhépatite dont les altérations sont analogues à celles que nous avons décrites dans l'hépatite interstitielle, se confondant avec celle-ci lorsqu'elle existe à côté de la gomme, se confondant peu à peu avec le tissu sain lorsqu'elle n'existe pas.

Nous ne nous étendrons pas sur les *complications* anatomiques de la cirrhose syphilitique, que l'on peut rencontrer *dans le foie*.

Mentionnons d'abord la dégénérescence graisseuse : on la rencontre fréquemment, elle envahit soit des cellules séparées par les travées conjonctives, soit des colonnes, des agglomérations de cellules ; elle n'offre du reste rien de particulier à la syphilis. Vient ensuite la dégénérescence amyloïde, signalée autrefois par Portal, plus tard par Rayer, et enfin considérée par Frerichs comme une forme particulière de la syphilis hépatique. C'est en effet dans la cachexie syphilitique que l'on rencontre le plus souvent cette altération, mais comme nous l'avons déjà fait remarquer, elle n'est pas due à la syphilis elle-même, mais à une conséquence de la syphilis, la cachexie, elle survient du reste aussi fréquemment dans les cachexies tuberculeuses, scrofuleuses.

Nous n'avons pas ici à décrire les caractères de l'altération amyloïde, qu'il nous suffise de dire qu'elle entraîne une hypertrophie considérable de l'organe, qu'elle donne une coloration ponctuée spéciale par l'emploi de l'iode et de l'acide sulfurique.

Parmi les complications qui siégent dans des organes éloignés, citons en première ligne *la rate*. Dans cet organe, deux cas peuvent se présenter, ou bien elle est hypertrophiée, c'est le cas le plus fréquent, ou elle est atrophiée, ce qui est rare. Dans ce dernier cas, les lésions sont celles de la sclérose, analogues à celles du foie, et il est permis d'en conclure que cette période d'atrophie a dû être précédée d'une période d'hypertrophie. Cette altération de volume nous a paru très-importante car nous l'avons presque toujours rencontrée dans nos observations; et nous répéterons encore que l'hypertrophie est la règle presque absolue, qu'il semble donc ici ne pas exister seulement une cause mécanique, un rapport de cause à effet entre le foie et la rate, mais encore une réelle coordination entre les phénomènes qui se passent dans ces deux organes. Or, ce fait de l'hypertrophie a une grande valeur au point de vue du diagnostic, car si pour quelques auteurs, Oppolzer, Bamberger, elle semble être commune dans la cirrhose vulgaire, Frérichs à côté ne l'a rencontrée que la moitié des cas. Cruveilher, Monneret la regardent comme possible sans se prononcer. « Nous n'avons que bien rarement constaté l'hypertrophie de la rate » (Compendium). Andral dans ses cliniques, Grisolle, Hardy et Béhier, Valleix en décrivant les altérations du système porte dans la cirrhose, n'en signalent même pas la possibilité.

Viennent ensuite les complications du côté du rein, déjà signalées par Rayer : « Dans presque tous les cas de néphrite albumineuse chronique que j'ai observés, dit-il, chez des malades atteints de syphilis constitutionnelle, le foie était altéré. »

Cette altération des reins ne survient souvent qu'à la période ultime de la maladie, mais on peut la rencontrer aussi dès le début, et ensuite à la période d'état évoluant parallèlement à la syphilis du foie.

Enfin, dans ces derniers temps l'on a signalé aussi des gommes du poumon, mais jusqu'à présent elles n'ont pas été trouvées en assez grand nombre pour pouvoir contribuer à la mort du malade; c'étaient la plupart du temps des noyaux caséeux, siégeant au sommet, et évoluant à côté de tubercules plus ou moins volumineux : plutôt conséquence que cause de la cachexie ultime.

ETIOLOGIE.

Le plus souvent l'hépatite survient chez des gens qui n'avaient pas soigné leur syphilis, soit qu'ils en aient ignoré les atteintes, soit qu'ils les aient négligées. La plupart des malades, les femmes surtout, nient leur syphilis, quelques-uns sciemment, d'autres de bonne foi, n'ayant attaché aucune importance à ce petit bouton, peu douloureux, qui avait guéri de lui-même. Ce n'est que lorsque les accidents secondaires sont graves que les syphilitiques viennent consulter; or dans le cas qui nous occupe on ne peut retrouver le plus souvent aucun accident syphilitique antérieur; il n'y a donc pas de présomption pour ou contre la gravité de la syphilis, en un mot on ne peut savoir si l'hépatite syphilitique est un accident grave tardif d'une syphilis qui avait été grave d'emblée. Quoi qu'il en soit, la majeure partie du temps la syphilis hépatique peut être rangée parmi les syphilis ignorées.

Il semble que cette maladie soit un peu plus fréquente chez l'homme que chez la femme. C'est surtout de 30 à 40 ans qu'elle attaque le premier, chez la femme elle paraît survenir à un âge plus avancé, et, en effet, dans les cas réunis par nous, où le chancre primitif était reconnu, l'éclosion des accidents hépatiques se faisait toujours sensiblement plus tard dans le sexe féminin que dans le sexe masculin.

La cause première de ces accidents, c'est la syphilis, mais maintenant il faut se demander qu'est-ce qui met en jeu son action, quelles sont les causes déterminantes. Les unes sont physiques, les autres fonctionnelles, les unes dépendent d'un traumatisme quelconque, tant léger soit-il, les autres d'une suractivité imprimée à l'organe.

L'influence du traumatisme en général semble pouvoir être invoquée dans la détermination des accidents hépatiques ; Virchow avait déjà remarqué en effet, et maintenant c'est un fait définitivement acquis, que c'est ordinairement autour des ligaments suspenseurs, coronaires, triangulaires du foie que l'on rencontre les premières lésions. Quelquefois elles ne peuvent exister qu'en ces points seuls, d'autres fois quand elles sont généralisées, elles sont toujours là plus graves, plus profondes. Or, c'est précisément en ces endroits que toutes les tractions exercées sur l'organe font le plus vivement sentir leur influence. Il est donc permis de conclure que toutes les fois que ces tractions se sont fait sentir d'une façon trop violente, et en même temps continuelle, elles ont pu à la longue déterminer ces altérations qui ont pris, en raison même de la nature syphilitique de l'individu atteint, l'aspect, la forme que nous avons décrits.

Sous le nom de traumatisme nous comprendrons donc non pas des coups, des chutes, des chocs violents, mais une suite d'actes mécaniques passant le plus souvent inaperçus et agissant d'une façon continuelle. Ce fait peut précisément être admis en raison des professions auxquelles sont adonnés les malades que nous observons dans les hôpitaux ; les hommes, dont les travaux sont plus violents, sont plus souvent atteints, mais chez les femmes, en plus, on peut invoquer comme cause traumatique, l'habitude du corset dont l'action forcée a produit parfois des cicatrices apparentes sur le foie et d'un aspect spécial.

Quant aux causes d'ordre fonctionnel, en première ligne nous placerons l'alcoolisme, ou du moins l'abus de l'alcool. Il n'est pas besoin en effet qu'un individu soit alcoolique au dernier degré pour que l'hépatite se produise, car alors la part de la syphilis serait bien difficile à faire. Mais il est fort admissible, et nous en avons trouvé plusieurs exemples, qu'une quantité d'alcool insuffisante pour produire à elle seule une cirrhose puisse la déterminer chez un individu déjà prédisposé par la syphilis. Dans certaines observations nous voyons que le malade de temps à autre, irrégulièrement, se livrait à des excès, or ces coups de fouet répétés ont très-bien pu favoriser l'éclosion de la diathèse.

Au point de vue de la suractivité fonctionnelle du foie en général, à quelque ordre de cause qu'elle appartienne, il nous avait paru intéressant de chercher si dans les pays chauds, où les fonctions de la glande sont si exagérées. les syphilitiques mouraient plus qu'ailleurs de leur foie. La chose était intéressante surtout chez les individus non acclimatés. Nous n'avons trouvé que deux passages à ce sujet et malheureusement ils semblent se contredire, pas autant cependant qu'on pourrait le croire au premier abord, car l'un des deux auteurs faisait allusion à des soldats français non acclimatés, l'autre à des indigènes, dont par conséquent la suractivité fonctionnelle du foie était en quelque sorte normale.

Voici ce que dit à ce sujet M. Sourrouille (3 ans en Cochinchine, thèse de Paris, 1874): « Dans les cas d'une syphilis constitutionnelle, il est rare si le malade s'en sauve. Il meurt cachectique, ou à la suite d'une dysentérie hémorrhagique, ou de *cirrhose du foie*, dernier terme de la syphilis et le plus fréquent. » Nous ne pouvons que regretter que l'auteur n'ait pas traité plus longuement ce sujet. Nous trouvons par contre dans (Essai sur l'hépatite du Para), par Louis Ferreira de Jemos, docteur de Paris, médecin de l'hôpital portugais du Para : « Je n'ai pas trouvé que la syphilis, qui est si répandue dans notre province, ait une prédilection pour le foie comme cela s'observe en Europe. »

Enfin, à côté de ces causes, l'on peut se demander si une première atteinte du foie dès les premiers temps de l'infection par la syphilis n'est pas une prédisposition pour plus tard à des atteintes plus graves. Telle était l'opinion du professeur Gubler, telle est aussi l'opinion de Virchow.

SYMPTOMATOLOGIE.

Si les lésions anatomiques de l'hépatite syphilitique sont aujourd'hui bien connues, il est loin d'en être ainsi des symptômes qu'entraînent ces lésions. Pour tenter d'introduire un peu d'ordre parmi eux, nous nous sommes efforcé dans toute notre description de les mettre en rapport avec les altérations anatomiques dont ils sont l'effet. Nous avons considéré trois phases principales auxquelles peuvent se rattacher toutes les lésions rencontrées jusqu'à présent dans les autopsies : dans la première il y a hypertrophie, dans la seconde le foie a son volume normal, dans la troisième il est atrophié ; nous considérerons de même trois périodes symptomatiques, deux que l'on pourrait appeler positives, une autre négative, du moins quant à présent.

1re *Période.* — Celle-ci répond à la période d'hyperplasie conjonctive, depuis le début, c'est-à-dire l'état embryonnaire, jusqu'à la période de rétraction exclusivement. Nous pouvons donc avoir à ce moment tous les états de transition, et aussi en même temps des gommes plus ou moins nombreuses. De même qu'à la période secondaire et à la période intermédiaire, trois symptômes surtout vont se présenter : hypertrophie, douleur, ictère, auxquels quelquefois seulement viendra se joindre de l'ascite.

L'*hypertrophie* est toujours plus considérable qu'elle ne l'était dans les deux autres périodes. Tandis qu'alors elle se développait brusquement, en même temps que la douleur, l'ictère, ici elle semble évoluer lentement, insidieusement, les malades en effet se rappellent avoir eu depuis longtemps de la gêne, des pesanteurs dans l'hypochondre droit, lorsqu'ils s'aperçoivent que leur ventre grossit.

C'est alors qu'il viennent consulter, et déjà l'hypertrophie est considérable. Dans notre observation IV, nous rapportons l'histoire d'un jeune homme chez lequel on a pu assister, non pas au développement, mais à la période d'état de l'hypertrophie, puis à sa diminution graduelle sous l'influence du traitement. Dans ce cas, l'hypertrophie était énorme et en même temps fort douloureuse. En effet, tandis que jusqu'à présent nous avons pu voir l'hypertrophie sans douleur notable, maintenant la douleur est son accompagnement indispensable.

A cette époque de la maladie, l'hypertrophie est totale, comme l'ont montré les rares autopsies que l'on possède (Cornil, Lancereaux, Pihan-Dufeillay). La surface de l'organe est lisse, comme on peut le sentir par la palpation. Elle dépasse, en moyenne, de deux à trois travers de doigt les fausses côtes, quelquefois plus; dans notre observation, elle formait au creux épigastrique une tumeur volumineuse. Il sera bon de percuter avec soin sur la ligne axillaire et en arrière pour s'assurer que l'on a bien une augmentation totale du foie et non pas seulement une hypertrophie compensatrice d'un lobe.

Cette hypertrophie peut apparaître longtemps après les premiers accidents, quelquefois jusqu'à vingt ans après; d'autres fois elle survient au bout de trois à quatre ans. Sa durée est fort variable; en tous cas, elle est plus considérable qu'aux autres périodes et peut se produire par poussées successives comme l'observation V en donne un exemple.

La *douleur* se présente avec des caractères d'importance toute particulière. C'est elle, en effet, qui, le plus souvent, met sur la voie de la lésion; au début et pendant longtemps, quatre mois, cinq mois et même plus, elle peut ne consister qu'en un sentiment de gêne, de pesanteur, s'exaspérant pendant la marche et les efforts; mais, le plus souvent, cette douleur sourde s'accompagne de paroxysmes aigus qui deviennent parfois fort douloureux jusqu'au point de gêner la respiration et de réveiller les malades pendant la nuit (obs. V). C'est encore là un caractère que nous n'avions pas trouvé que ces paroxysmes douloureux et nocturnes. Ces douleurs s'irradient vers le creux épigastrique, la fosse iliaque et se font sentir aussi dans les reins, elles s'exagèrent à la moindre pression et deviennent parfois telles que les malades ne peuvent boutonner leurs vêtements. Nous avons rencontré deux fois une semblable intensité. En somme, douleur sourde, profonde avec exaspération la nuit, paroxysmes aigus et irradiations pouvant être attribués au travail inflammatoire qui se produit à ce moment dans le foie.

L'hypertrophie et la douleur peuvent être les deux seuls symptômes, mais ils s'accompagnent aussi d'*ictère*. Celui-ci du reste leur est consécutif, ne les précède jamais. L'observation VI, qui nous a été communiquée par notre ami H. des Tureaux, en est un exemple frappant. Trois fois le malade est pris de douleurs et gonflement du foie à une année de distance. Trois fois l'ictère ne survient que quelque temps après. Cette marche vient encore à l'appui de l'explication que nous en avons donnée, c'est-à-dire inflammation communiquée aux canalicules biliaires, puis desquamation oblitérant leur conduit. Mais à cette époque de la maladie une autre interprétatiou se présente, qui du reste a été vérifiée par Virchow, Biermer et Frerichs, c'est la compression par une gomme en voie de développement d'un gros canalicule biliaire. Du reste il y a une différence clinique entre ces deux cas. Dans le premier la suffusion ictérique est bien plus développée que dans le second, en revanche dans le cas de compression elle est bien plus rebelle. Ainsi donc ictère d'intensité, de durée variables succédant à l'hypertrophie après un temps plus ou moins long.

Dans quelques cas on a noté de *l'ascite*. Celle-ci est généralement peu considérable, mais elle est cependant appréciable. D'après les altération vasculaires que nous avons décrites elle peut très-bien s'interpréter. Nous avons vu, en effet, que dès le début de la période de prolifération les gros vaisseaux pouvaient être attaqués soit dans leur parois propres, soit dans leur gaîne, or cette fluxion inflammatoire suffit à expliquer la stase sanguine, la difficulté de la circulation, par suite l'ascite.

En résumé, douleur, hypertrophie, ictère, ascite peu considérable, tels sont, ou plutôt tels peuvent être les symptômes de la prenière période de l'hépatite syphilitique. Leur caractère essentiel, c'est d'être curables, d'être encore d'une grande susceptibilité au traitement antisyphilitique. Parfois même la guérison peut se faire spontanément, c'est là un fait exceptionnel, mais qui peut cependant exister, M. Lancereaux en a cité un cas.

Contrairement à ce que nous avons constaté jusqu'à présent, ces accidents peuvent se montrer seuls, la difficulté du diagnostic est donc déjà bien augmentée. Le plus souvent ils sont accompagnés d'hypertrophie de la rate, dans deux cas l'on a trouvé de l'albumine dans les urines, il y avait donc eu une poussée viscérale presque générale. En même temps surviennent parfois des céphalées persistantes nocturnes, des douleurs articulaires, des gommes du tissu cellulaire sous-cutané, des exostoses. Citons encore un fait que nous avons rencontré souvent, c'est la coïncidence d'accidents ulcératifs du côté de la gorge. Enfin l'absence de troubles digestifs, sur laquelle nous ne saurions trop insister dans cette histoire de la syphilis hépatique.

2me Période. — Nous lui avons appliqué l'expression de négative, et nous lui rattacherons tous les cas dans lesquels à l'autopsie on a trouvé des altérations hépatiques syphilitiques n'ayant donné aucun symptôme pendant la vie.

Deux cas sont à considérer: 1° Le foie a son volume normal; 2° il y a hypertrophie compensatrice.

1° Lorsque le foie a son volume normal, nous nous expliquons ainsi l'absence d'accidents. A la période d'hypertrophie succède une période de rétraction, lorsque cette rétraction en est arrivée au point de donner au foie son volume primitif, on ne peut plus sentir de variations de volume de l'organe, à ce moment la période inflammatoire étant terminée la douleur a disparu; enfin cette rétraction n'est pas assez considérable pour comprimer les vaisseaux sanguins, la stase veineuse ne peut pas encore exister. Reste donc la fonction du lobule hépatique dont les cellules sont dissociées, altérées; c'est de ce côté seulement que nous pouvons porter notre investigation depuis les travaux de M. Brouardel sur l'urée. Malheureusement au moment où les malades sur lesquels nous basons notre travail ont été observés, les résultats de cette découverte n'étaient pas encore appliqués.

2° Lorsque le foie a un volume équivalent à son volume normal, par hypertrophie d'une de ses parties, et atrophie d'une autre, on peut très-bien encore admettre l'absence de phénomènes, en s'appuyant sur l'hypertrophie compensatrice. Nous avons vu déjà que Virchow avait rencontré une augmentation des acini et des cellules du foie, en même temps il est remarquable que le calibre des canaux biliaires, des vaisseaux sanguins de ce lobe hypertrophié soit augmenté. Cette compensation semble donc bien exister réellement, et l'on peut ainsi admettre une lésion du foie sans troubles de la santé. Mais qu'à un certain moment sous une influence indéterminée, cette compensation vienne à être insuffisante, alors vont apparaîte les symptômes de la troisième et dernière période que nous allons décrire.

3e Période. — Nous diviserons les signes qui la dénotent en physiques et fonctionnels. Les premiers sont les déformations du foie, les seconds, l'ictère, l'ascite.

Signes physiques. — A cette époque l'atrophie est la règle, on peut parfaitement s'en rendre compte par la percussion, mais il faut la pratiquer avec le plus grand soin pour éviter de croire à une hypertrophie générale, alors que celle-ci ne porte que sur une des parties de l'organe, et est devenue insuffisante pour compenser. Mais même lorsqu'il semble y avoir hypertrophie il est possible de distinguer la nature syphilitique de l'affection. D'abord cette hypertrophie n'est pas uniforme, ainsi on pourra trouver, l'hypochondre droit entièrement rempli par le lobe droit, tandis que le lobe gauche est anormal ou même atrophié, et inversement, une tumeur au creux épigastrique, tandis que la percussion ne donnera rien dans le côté droit. On peut encore dans certains cas sentir sur le bord libre, des fissures, et quelquefois les lobules qui se trouvent à la surface de l'organe. Dans quelques cas on peut s'apercevoir que les parois abdominales ne glissent pas sur le foie comme elles le devraient faire pendant la respiration, qu'elles restent en quelque sorte immobiles. Enfin nous rappellerons les deux cas déjà cités où l'on sentait une tumeur séparée parfaitement du reste de l'organe, lobulée, et qui fut prise primitivement pour une tumeur stercorale.

Signes fonctionnels. — Nous ne ferons que signaler l'*ictère* qui est fort rare dans cette période. Cependant Frerichs et M. Lancereaux en ont cité plusieurs exemples, où il était dû soit à une gomme, soit à une bride artificielle, déprimant un gros canalicule biliaire. Dans ce cas il était peu intense et chronique. Nous arrivons maintenant à l'*ascite* qui est le phénomène ultime de l'hépatite syphilitique. C'est dans ce cas une ascite mécanique directe due à la stase sanguine par suite de compression vasculaire hépatique. La quantité de liquide épanché varie de 6 à 10 litres lorsque les malade meurent par leur foie, mais dans les cas où l'épanchement n'est qu'à son début, où les malades sont enlevés par une affection intercurrente, il peut ne s'élever qu'à 2 ou 3 litres. Il ressort de nos observations sur la marche de ce symptôme qu'au début il se développe lentement, insidieusement (cette période dure en moyenne un à deux mois), puis tout d'un coup il prend un développement considérable en quatre ou cinq jours de façon à entraîner de la gêne dans la marche, dans la respiration et de nécessiter une ponction. Après celle-ci l'ascite se développe de nouveau très-rapidement, en deux ou trois jours elle est revenue à sont point primitif, loin de diminuer à chaque ponction elle augmente plutôt ; de plus c'est un symptôme grave, car lorsqu'elle apparaît à cette période le traitement ne peut plus que rarement influencer sa marche. En somme, cette ascite présente dans son invasion d'abord un signe distinctif, c'est la rapidité, elle se fait en un mot par une sorte de poussée ; un autre caractère important est encore la rapidité avec laquelle elle se reforme, et enfin le peu de durée de la maladie à partir du moment où elle apparaît. Elle s'accompagne d'une dilatation veineuse considérable, se complique parfois d'hémorrhagies. Mais un phénomène qui a une importance encore plus grande ici qu'il ne l'avait dans les autres cas, c'est jusqu'à la fin l'intégrité des fonctions digestives. Elle fut remarquable chez la malade dont nous reproduisons l'observation (VII). La diarrhée, les troubles digestifs ne surviennent généralement que dans les derniers jours et annoncent l'issue malheureuse de la maladie.

A côté de l'ascite on peut rencontrer les urines albumineuses. Rayer l'a observé plusieurs fois. Le plus souvent elles sont rares, sédimenteuses. L'hypertrophie de la rate est un phénomène constant, comme nous l'avons déjà fait remarquer à l'anatomie pathologique.

MARCHE. — DURÉE.

Nous n'avons encore à ce sujet que des données incertaines, car, dans bien des cas, le début même de l'affection nous échappe. La marche ressort de l'exposé des symptômes que nous venons de faire. En somme, on observe d'abord de l'hypertrophie avec ou sans ictère, ou ascite, puis une période stationnaire, ne donnant aucuns symptômes, et, enfin, la période de cachexie, caractérisée par l'atrophie du foie, l'ascite. Il est des cas (Leudet, Quélet, Verflassen) dans lesquels on a pu assister à la succession de ces symptômes. Les malades étaient d'abord observés avec les signes de la première période, lesquels sous l'influence du traitement diminuaient d'intensité, disparaissaient ensuite ; puis survenait une nouvelle poussée des mêmes accidents suivant la même marche que la précédente, le phénomène se renouvelait plusieurs fois jusqu'à ce que s'établisse la troisième période qui conduisait rapidement les malades à la cachexie, à la mort. On a pu voir ainsi que la maladie entière mettait quatre à cinq ans à évoluer.

Quant à la durée de chacune des périodes de la maladie, il n'est guère possible de la déterminer au moins pour la première, les malades observés ayant tous été soumis au traitement. En tenant compte de cette influence on peut l'évaluer approximativement à un peu plus ou un peu moins d'une année. Nous citerons comme exemple le malade de l'observation VI qui est depuis un an en traitement et dont le foie n'est pas encore revenu à son volume primitif. La troisième période semble plus courte. En prenant comme exemple notre observation VII, qui est en quelque sorte un type duquel beaucoup d'autres faits se sont rapprochés, nous pourrions évaluer sa durée de quatre à cinq mois.

DIAGNOSTIC.

A mesure que la syphilis avance en âge le diagnostic des accidents hépatiques qu'elle entraîne devient de plus en plus difficile. Dans l'hépatite tertiaire deux cas peuvent se présenter. Ou la syphilis est ignorée, alors il faut la rechercher, c'est une difficulté de plus, où bien elle est connue, alors il faut s'assurer que les accidents observés ne peuvent être attribués à une autre cause.

D'après l'exposé des symptômes nous voyons que le clinicien peut se trouver en présence de deux périodes de cette maladie, la première ou la troisième.

Dans les deux cas la maladie du foie sera facilement reconnue, le point difficile sera d'en déterminer la cause. On y arrivera par voie d'exclusion, car les symptômes par eux-mêmes n'ont rien qui leur soit spécial. Quand la syphilis est connue du médecin, et qu'il ne peut expliquer les accidents par d'autre cause, il ne doit pas hésiter à instituer le traitement qui est en même temps la pierre de touche. Mais lorsque la syphilis est ignorée la difficulté est bien plus grande; il faut d'abord la rechercher. Quelquefois des cicatrices anciennes, des périostoses mettent sur la voie, en interrogeant avec soin le malade on peut encore arriver à obtenir certains renseignements : il ne faudra pas non plus oublier d'examiner la gorge car souvent il y existe des ulcérations spécifiques ou du moins des cicatrices. C'est un fait que nous trouvons noté dans bien des observations que cette présence de cicatrices, etc., d'ulcérations à l'isthme du gosier, coïncidant avec des accidents du foie. Du reste, dans l'observation VII, nous pouvons voir que c'est la présence d'une ulcération spécifique occupant la luette, le voile du palais qui a permis à M. Millard d'affirmer que les accidents hépatiques étaient sous l'influence de la syphilis.

Des deux périodes c'est surtout la dernière dont le diagnostic est le plus difficile; M. Lacombe cite un cas dans lequel une hépatite syphilitique fut prise pendant la vie pour un kyste hydatique. M. Rendu cite une autre erreur au sujet d'une intoxication palustre chronique, un cancer au début peut encore être confondu avec l'hépatite à cause des nodosités qui se trouvent à sa surface. Mais là où le diagnostic sera le plus embarrassant c'est dans le cas de cirrhose vulgaire. Lorsqu'après une ponction on peut encore palper une partie du foie, que l'on sent à sa surface des sillons, des anfractuosités, il y a bien des chances pour que l'on soit en présence d'une syphilis hépatique, mais lorsque le foie sera atrophié, que son exploration directe sera impossible, sur quoi pourra-t-on se baser ? Nous rappellerons alors qu'il y a une absence presque complète de troubles digestifs, ce qui n'arrive pas dans la cirrhose alcoolique ; que l'hypertrophie de la rate est constante, tandis qu'elle n'existe guère que la moitié des cas dans la cirrhose simple ; que la durée de l'ascite est bien moindre dans le cas de syphilis que dans le cas d'alcoolisme ; qu'elle se reproduit bien plus vite dans le premier que dans le second, et enfin qu'au lieu d'avoir une marche irrégulière, avec alternatives d'amélioration, d'aggravation, la syphilis hépatique a une marche graduellement ascensionnelle.

En présence de ces quelques particularités, en l'absence d'autres causes on pourra toujours tenter le traitement spécifique, dont le malade dans tous les cas n'aura que profit à retirer.

PRONOSTIC.

Il ne nous reste maintenant que bien peu de choses à dire au sujet du pronostic. L'hépatite tertiaire est une affection grave par elle-même d'abord, parce que, même dans le cas où elle guérit, sa durée est longue grave aussi par les conséquences qu'elle entraîne, en première ligne la cachexie. Cependant, au point de vue de cette gravité, il existe une énorme différence entre la première période et la troisième, la première étant relativement bénigne. C'est à cette époque, en effet, que l'on a vu encore des guérisons spontanées, mais, sans oser espérer souvent une issue aussi heureuse, il est bien rare que, sous l'influence d'un traitement bien approprié, longtemps prolongé, la maladie continue sa marche fatale. Lorsque les malades en sont arrivés à la dernière période, l'on peut renverser la proposition précédente, c'est la mort qui est la règle, la guérison l'exception. Cependant la guérison est encore possible. Quels sont donc les moyens à employer pour l'obtenir ?

TRAITEMENT.

Nous n'avons qu'à rappeler ici ce que nous avons dit à la fin du chapitre précédent. Instituer de suite le traitement, le faire d'une façon énergique, le continuer longtemps et en même temps plus que jamais veiller sur l'état général.

D'après les préceptes du Dr Fournier, nous donnerons le traitement mixte, mercure, iodure de potassium.

Parmi les préparations mercurielles, nous choisirons de préférence l'onguent, que nous administrerons en frictions, car maintenant, plus que jamais, il est nécessaire de ménager les fonctions digestives, d'autant mieux qu'elles ne sont pas encore atteintes.

Nous avions indiqué comme moyen révulsif local les ventouses sèches. Dans ce cas, nous emploierons des moyens plus énergiques, vésicatoires répétés, et même cautères, moyen dont nous avons vu retirer les meilleurs effets. Il sera bon, en même temps, de donner des douches ou des bains sulfureux, et en même temps un régime essentiellement tonique.

Obs. IV (recueillie dans le service de M. le Dr Millard, par E. Delavarenne.

M. X..., 27 ans, employé, vient consulter M. le Dr Millard le 15 juillet 1878.

X... n'a jamais fait de maladies graves. Depuis l'âge de dix-huit ans jusqu'à 24 il s'est livré à quelques excès. Il a encore sa mère, son père a été tué pendant la guerre.

En 1870, vers le mois de novembre, étant en Amérique (Buenos-Ayres) il contracta un chancre. Il était alors sur le point de revenir en France. Ce chancre dura pendant toute la traversée et ne guérit que quelque temps après son arrivée à Bordeaux. L'infection syphilitique ne date certainement pas de cette époque, car pendant deux ans elle ne se manifesta par aucun accident.

En juin 1872, étant au régiment à Rouen, il s'aperçut qu'il avait à la verge deux chancres. Ceux-ci se passèrent d'eux-mêmes, mais vers le commencement d'août suivant, c'est-à-dire deux mois après les chancres, il eut un mal de gorge, et en même temps une éruption sur le corps pour lesquels il consulta le médecin de son régiment. Celui-ci reconnut une roséole, des plaques muqueuses et institua un traitement mercuriel. X... ne suivit ce traitement que quelques jours, le mercure lui ayant donné de violents maux d'estomac.

Vers la fin de novembre de la même année (1872), le malade ressentit dans le côté droit une douleur assez vive qui quelques jours après fut suivie d'un ictère peu prononcé. Cet ictère dura de 15 à 18 jours environ et se passa de lui-même.

En 1874, X... fut pris de violentes douleurs articulaires attribuées par lui à ce qu'au moment de la guerre et après, il coucha plusieurs mois par terre. En même temps survinrent quelques troubles digestifs qu'il attribue à des excès qu'il fit à cette époque.

Depuis ce moment jusqu'en 1877, au mois de juillet, X... s'est toujours très-bien porté. Il se marie, à un enfant fort bien portant.

Vers juillet 1877, donc un an avant de venir consulter M. Millard, il fut pris de douleurs abdominales très-violentes, ayant leur siége fixe dans le côté droit. Le médecin qui fut consulté ordonna simplement quelques bains de vapeur.

Ces douleurs continuelles, sourdes, avec exaspération, loin de diminuer ne firent qu'augmenter, et bientôt devinrent d'une façon évidente bien plus fortes la nuit que le jour. Pendant une quinzaine de jours elles devinrent d'une violence telle que le malade en était réveillé la nuit, et ne pouvait respirer qu'avec la plus grande gêne.

Cependant peu à peu ces douleurs diminuèrent sans traitement autre que les bains de vapeur. Mais le malade garda toujours un sentiment de gêne, de pesanteur dans le côté droit qui devenait douloureux à la moindre fatigue.

Pendant tout ce temps l'appétit ne diminue pas, les digestions se font bien, l'état général reste satisfaisant.

Dans le courant de février 1878, X... s'aperçut qu'il grossissait, ne pouvant plus boutonner sa redingote. Ce fait l'étonna et quelques jours après il vit que son ventre était beaucoup plus volumineux du côté droit que du côté gauche.

Il alla consulter alors un autre médecin qui diagnostiqua une « maladie du foie », et lui ordonna de prendre de l'eau de Vichy et des bains alcalins. Ce traitement resta sans résultat. Le sentiment de pesanteur éprouvé dans le côté droit devint de la douleur avec les mêmes caractères qu'elle avait eus précédemment; en même temps le volume du foie augmentait peu à peu.

Le 15 juillet 1878 X... vient consulter M. le Dr Millard, qui constata une hypertrophie considérable du foie. Cet organe occupait tout l'hypochondre droit, soulevait le creux épigastrique où il formait une tumeur volumineuse et le débordait à gauche de plus de trois travers de doigt. La surface de l'organe ne présentait aucune bosselure, la paroi abdominale glissait facilement sur elle.

Les douleurs étaient devenues très-vives, continuelles avec exacerbation la nuit, et s'exagéraient à la moindre pression.

Malgré ces phénomènes, l'appétit était conservé, les digestions bonnes, le malade n'avait pas maigri et pouvait continuer ses occupations.

En raison de l'âge du malade, de ses antécédents, de l'absence d'autre cause, M. Millard diagnostiqua une syphilis hépatique et ordonna 3 douches par semaine et 3 grammes d'iodure de potassium.

Quinze jours après le malade revint. Il éprouvait déjà un certain soulagement; les douleurs étaient tolérables, la respiration moins gênée. Il prend 4 grammes d'iodure.

Au bout de deux mois de traitement le malade en prenait 8 gr. Les douleurs avaient complétement cessé, mais le foie dont le volume pendant quelque temps avait été en diminuant d'une façon graduelle, restait maintenant stationnaire.

On lui posa alors (au commencement d'octobre) deux cautères puis deux autres à la fin de décembre; en même temps on lui ordonnait trois bains sulfureux par semaine.

Cette médication fit diminuer très-sensiblement le volume du foie.

Tous les mois M. X... vient à l'hôpital pour y consulter et chaque fois l'on a trouvé un peu de diminution de l'organe. Cependant il ressent encore de temps en temps quelques douleurs, mais celles-ci ne durent pas.

Aujourd'hui 3 juin le foie déborde de deux travers de doigts les fausses côtes; la saillie faite par l'organe n'est plus appréciable à la vue. L'hypertrophie semble ne plus occuper que le lobe droit. On ne sent plus aucune tumeur au niveau du creux épigastrique.

Le malade prend encore 3 cuillerées d'iodure de potassium par jour et un bain sulfureux par semaine.

Obs. V (de Bell, chirurgien du Collége royal d'Edimbourg 1785, par Yvaren). — Métamorphoses de la syphilis.

Officier de marine, âgé de 40 ans, revenant des Indes, s'était toujours bien porté, lorsqu'il fut pris en 1782 de douleurs rhumatismales que rien ne put faire passer.

Depuis deux ans il a éprouvé un gonflement apparent du foie s'accompagnant de douleurs fréquentes. Il n'avait cependant pas souffert beaucoup avant l'hiver de 1785, époque à laquelle il aperçut sur le foie une tumeur molle, étendue, douloureuse. Cette tumeur augmenta de volume, on crut reconnaître une fluctuation profonde.

C'est pour ouvrir cette tumeur que Bell est appelé, ne trouvant pas la fluctuation manifeste, il donne du mercure pour tenter la résorption. Au bout de six à sept semaines la tumeur du foie s'est presque entièrement dissipée. En même temps les douleurs rhumatismales diminuent.

A l'approche de l'hiver les douleurs augmentent, en même temps survient de l'œdème des membres inférieurs, une ascite telle que l'on fait une ponction. Le malade n'en éprouve qu'un soulagement passager, car quelques jours après il s'est reproduit une ascite encore plus considérable.

En même temps survinrent au front, aux jambes, aux bras, des tumeurs dures, dont deux s'ulcèrent. Le malade était fort amaigri, n'avait pas de fièvre.

Bell soupçonna alors la syphilis, et il apprit en effet qu'en 1781 le malade avait eu un chancre et des bubons non suppurés, pour lesquels il n'avait fait aucun traitement. Il était évident que le malade avait été infecté, et que le rhumatisme et la maladie du foie étaient sous la même influence, le premier ayant été soulagé par le traitement du second. Bell ordonna des frictions mercurielles. Au bout de quinze jours le malade salivait 3 pintes 1/2.

Les douleurs rhumatismales disparurent, les ulcères se cicatrisèrent. L'abdomen était resté stationnaire, l'œdème des jambes avait disparu, cela au bout de huit semaines.

On continua le mercure encore cinq semaines, au bout de ce temps il n'y avait plus d'eau dans l'abdomen.

Trois ans après, Bell revit le malade qui se portait toujours très-bien depuis cette époque.

La relation de cette observation nous a paru intéressante à divers point de vue.

L'époque à laquelle elle remonte (1785), la netteté avec laquelle la syphilis hépatique s'est manifestée, et aussi parce qu'elle nous montre cette affection à une époque à laquelle elle est encore curable.

Obs. VI (recueillie à l'hôpital Necker, par mon ami Henry des Tureaux, externe du service du professeur Potain.

Le 14 avril 1877 entre dans le service de M. Potain, à l'hôpital Necker, salle Saint-Luc, n° 25, le nommé Vassort Germain, âgé de 40 ans, journalier.

C'est pour la troisième fois que cet homme entre à l'hôpital. Il y entra une première fois en 1876, pour des douleurs hépatiques qui s'accompagnèrent d'ictère.

Quand il revint la seconde fois, il avait encore été repris de douleurs hépatiques, mais cette fois il n'y eut pas d'ictère dès le début. Celui-ci ne survint que plus tard et s'accompagna pendant le séjour même du malade à l'hôpital d'œdème des membres inférieurs et de bouffiisure. Au bout de peu de temps, il sortit guéri.

Aujourd'hui, 17 avril, il rentre pour la troisième fois à l'hôpital, se plaignant de douleurs violentes, continuelles, occupant la région du foie, et de même que les deux premières fois s'accompagnant d'un ictère prononcé.

Ce malade, d'une bonne constitution, n'a jamais fait de maladies graves. Dans ses antécédents l'on trouve qu'à l'âge de 25 ans, c'est-à-dire il y a 15 ans, il a contracté la syphilis. En effet, il eut alors un chancre infectant pour lequel il fut reçu à l'hôpital du Midi. Il y resta 6 mois en traitement.

Examen le 14 avril. (Date de l'entrée.)

En examinant la gorge, on constate qu'elle est le siége de cicatrices avec pertes de substances, provenant d'ulcérations syphilitiques ayant intéressé principalement la luette et la partie postérieure du voile du palais.

Il existe un petit ganglion cervical. Au bras droit il a eu une syphilide pustuleuse.

Le foie est notablement hypertrophié et déborde les fausses côtes. Sur la ligne mammaire il a 16 centimètres et 14 sur la ligne médiane. En même temps il est douloureux; ces douleurs continuelles, spontanées, s'irradient vers la partie inférieure de la fosse iliaque et s'exagèrent par la pression.

Les conjonctives, la peau du malade présentent une teinte ictérique prononcée. Les selles sont décolorées, les urines foncées contiennent les matières colorantes biliaires, mais ne présentent pas trace d'albumine.

Dernièrement le malade a eu des pertes hémorroïdales assez fortes et quelques épistaxis peu abondantes.

La rate est un peu hypertrophiée.

On ne trouve rien dans la poitrine. Rien non plus au cœur.

Les battements seulement sont un peu ralentis, 58 pulsations.

Diagnostic. — Les antécédents du malade (syphilis), l'absence d'autres causes (pas d'excès, pas d'alcoolisme), l'ensemble des phénomènes que nous venons de décrire, conduisent à diagnostiquer une syphilis hépatique.

Traitement. — Vin de quinquina. Tisane amère. Ventouses scarifiées sur la région hépatique. Iodure de potassium, 1 gramme d'abord (la dose fut ensuite augmentée).

Peu de jours après le début de ce traitement, 17 avril, les douleurs commencent à diminuer. En même temps la teinte de la peau devient subictérique de franchement ictérique qu'elle était. Le foie semble moins volumineux.

Les jours suivants l'amélioration va toujours croissant et le 10 mai, c'est-à-dire après être resté 26 jours à l'hôpital, le malade sort guéri pour la troisième fois.

Obs. VII (recueillie à l'hôpital Beaujon, service de M. le Dr Millard par E. Delavarenne.

Mme Vaudel (Armandine), âgée de 40 ans, couturière, entre le 5 octobre 1878 à l'hôpital Beaujon, salle Sainte-Claire, n° 19, présentant une ascite considérable et une ulcération de la gorge.

Cette malade n'a pas d'antécédents héréditaires, elle a encore son père et sa mère, un frère et une sœur se portant bien.

Elle a toujours habité des endroits sains, s'est toujours bien nourrie, n'a jamais fait d'excès : s'est seulement livrée quelquefois à des travaux excessifs entraînant des veilles prolongées.

Elle n'a jamait fait de maladies graves. Toujours bien réglée jusqu'à l'âge de 35 ans (1871), année où les règles se sont supprimées.

En somme, jusqu'au mois de février 1878, la malade s'était toujours bien portée.

A cette époque (février 1878), se trouvant chez ses parents, à la campagne, elle s'aperçut qu'elle avait à la gorge une petite ulcération blanchâtre de la dimension d'une lentille environ. Le médecin qui fut appelé institua de suite un traitement antisyphilitique énergique, quoique à cette époque et maitenant encore tout antécédent syphilitique fut nié par la malade.

Pendant trois mois, la malade suivit ce même traitement qui détermina une stomatite mercurielle très-intense, les dents étaient déchaussées, déconsolidées, les gencives ulcérées, la salivation abondante. En même temps survinrent des douleurs de reins très-violentes, de fréquentes envies d'uriner et d'aller à la garde-robe, un manque d'appétit complet et un amaigrissement considérable.

Elle consulta alors plusieurs autres médecins et à la suite d'un traitement approprié la stomatite cessa, les autres phénomènes s'amendèrent, mais l'ulcération de la bouche persista toujours.

Les choses en étaient ainsi vers le milieu d'août, époque à laquelle la malade eut une métrorrhagie abondante qui dura quatre jours. Celle-ci n'eut aucun retentissement sur l'état général qui resta stationnaire jusqu'au 15 septembre. A ce moment elle s'aperçut que son ventre grossissait rapidement, et cela sans qu'elle éprouvât la moindre douleur. Elle se décida alors à revenir à Paris pour y consulter.

Le 5 octobre elle entrait à l'hôpital Beaujon dans le service de M. Moutard-Martin que suppléait alors M. Raymond.

Le 6 octobre, M. Raymond, constatant une ascite considérable, fit la paracentèse. Depuis ce moment jusqu'au 1er janvier, la même opération fut renouvelée 10 fois par M. Moutard-Martin. En même temps, il donnait à la malade du vin diurétique, du bromure de potassium et un régime tonique.

Malgré ce traitement, aucune amélioration ne se manifestait dans l'état de la malade. L'amaigrissement déjà considérable faisait des progrès constants, le liquide ascétique se reproduisait rapidement après les ponctions et l'ulcération ou plutôt les ulcérations de la gorge augmentaient peu à peu.

Le 2 janvier, M. Millard, qui venait de succéder dans le service à

M. Moutard-Martin, fait une nouvelle ponction et retire de la cavité abdominale environ 8 litres d'un liquide séreux. Après l'opération l'examen de l'abdomen permet de constater que le lobe droit du foie est petit, tandis que le gauche fait au niveau de l'appendice xyphoide une saillie prononcée. Malgré la négation absolue de la part de la malade de tout antécédent syphilitique, en raison de l'aspect du foie, en raison de l'ulcération de la gorge, une hépatite spécifique est diagnostiquée et de suite l'on institue un traitement approprié.

Le 7. L'état cachectique est toujours de plus en plus prononcé quoique l'appétit soit bon (il y a même depuis quelques jours un peu de boulimie) et les digestions faciles.

L'ascite s'est reproduit, moins rapidement il est vrai qu'après les autres fonctions. La sensation de flot est très-manifeste, la circulation collatérale assez développée. Il n'y a pas d'œdème bien marqué des membres inférieurs, il en existe seulement un peu à la face interne des cuisses.

L'ulcération de la gorge occupe le sommet des deux piliers antérieurs du voile du palais, mais elle intéresse surtout le gauche; le bord gauche de la luette présente une échancrure ronde qui semble faite à l'emporte-pièce. Les piliers postérieurs, la paroi postérieure du pharynx au niveau même de l'isthme du gosier sont aussi ulcérés. Ces différentes ulcérations déterminent un nasonnement prononcé de la voix, ainsi que le rejet partiel des liquides par les fosses nasales.

Des cautérisations au nitrate acide de mercure sont faites et déterminent une sensible amélioration locale. En même temps que depuis le nouveau traitement général, la malade se trouve beaucoup mieux.

Le 10. La malade est prise de diarrée et de vomissements. Pendant que ces phénomènes sont sous l'influence du traitement, M. Millard supprime le sirop de Gibert que la malade prenait depuis le 2 janvier.

Le 11 janvier. La malade respirant de plus en plus difficilement, on pratique une ponction de l'abdomen qui donne issue à six litres et demi d'un liquide jaune, séreux.

Après la ponction l'on peut constater que le lobe droit du foie est petit, que le gauche dépasse l'appendice xyhoïde de un travers de doigt environ. En même temps l'on peut sentir que la glande est dure, résistante.

La rate est hypertrophiée.

Le 14 janvier. La malade est depuis la veille dans un état extrême de faiblesse, elle ne répond que difficilement aux questions qui lui sont faites. Elle reste dans la somnolence toute la journée du 14, et la mort arrive dans la nuit du 14 au 15.

Autopsie. — Tube digestif et annexes.

Pharynx. — Le pharynx présente à sa partie postérieure une ulcération qui la contournant vient atteindre la luette, taille comme à l'emporte-pièce un demi-cercle occupant la moitié environ de sa surface. L'ulcération remonte en arrière où elle présente plusieurs granulations rougeâtres, et de là s'étend de chaque côté sur les piliers postérieurs, surtout intéressant le pilier gauche dont la moitié supérieure est presqu'entièrement détruite.

Œsophage. Estomac. Intestins. Rien de particulier.

Foie. A l'ouverture de la cavité abdominale, issue de six litres environ d'un liquide séreux, jaune verdâtre.

Le foie présente une configuration remarquable que nous avons cru bon de faire représenter. Ce qui frappe d'abord c'est l'hypertrophie énorme du lobe gauche qu'au premier abord l'on pourrait prendre pour le lobe droit. Le tissu hépatique est de couleur jaunâtre et a l'aspect de la dégénérescence granulo-graisseuse. A sa surface se remarquent plusieurs cicatrices étoilées se reliant les unes aux autres par de longs et nombreux tractus blanchâtres, peu profonds.

Le lobe droit au contraire est tellement atrophié qu'il n'offre guère que le volume du poing environ. La capsule fibreuse, le péritoine considérablement épaissis lui forment une espèce de coque et l'unissent de la façon la plus intime au diaphragme. Dans une de nos figures l'on peut voir ces adhérences, dans l'autre le lobe droit est représenté après une dissection minutieuse pendant laquelle nous avons pu juger de la résistance énorme des adhérences, telle qu'en certains points il nous a été impossible de ne pas intéresser le parenchyme hépatique. Après cette dissection on voit qu'il présente l'aspect lobulé classique de la syphilis hépatique tertiaire.

Malgré cette atrophie du lobe droit, le poids de tout l'organe est de 1370 grammes, c'est-à-dire presque normal.

A la coupe, on sent que le tissu hépatique est dur, résistant; le lobe droit est presque entièrement transformé en tissu fibreux enveloppant quelques noyaux de substance hépatique. Dans le lobe gauche le tissu fibreux est moins apparent. En plusieurs points on trouve des dépôts blancs, un peu ramollis à leur centre, entourés d'une sorte de coque fibreuse, de la dimension environ d'une noisette et se reliant par des tractus soit à des cicatrices situées à la périphérie de l'organe, soit à des noyaux semblables.

Le calibre de la branche droite de la veine porte est sensiblement diminué, tandis que celui de la gauche contraste par une augmentation notable.

Les canaux cystique et cholédoque sont libres, un peu de bile visqueuse, filante dans la vésicule, pas de calculs.

Rate. La rate est hypertrophiée. Elle pèse 570 grammes. Il n'y a pas trace de cicatrices gommeuses à sa surface.

Reins. Leur volume est normal. L'un et l'autre présentent bien à leur surface quelques tractus fibreux. Mais ceux-ci peu profonds n'intéressent pas le parenchyme de l'organe.

Du reste pendant la vie la malade n'avait rien offert de particulier du côté de la sécrétion urinaire qui avait été peut-être un peu diminuée dans les derniers jours de la vie. Jamais les urines n'avaient contenu d'albumine.

Appareil circulatoire. — Cœur. Pas de trace de gommes.

Appareil respiratoire. — Larynx. Les cordes vocales, la muqueuse laryngienne n'offrent pas trace d'ulcération, ni de cicatrice.

Poumons. Le poumon présente quelques petites granulations tuberculeuses sous le feuillet viscéral de la plèvre, offrant en certains point l'aspect de sudamina, et siégeant surtout au sommet, à la partie supérieure et dans la scissure interlobaire. Au sommet droit, il y a de l'induration et des adhérences. Au sommet gauche, de l'induration mais sans adhérences. A la coupe on trouve plusieurs nodules blanc jaunâtres disséminés à la partie supérieure du poumon. A chaque sommet se trouve un amas de ces nodules. Au sommet droit se trouve en outre un noyau de même aspect assez volumineux.

Ces altérations n'avaient donné aucun signe stéthoscopique pendant la vie.

Système nerveux. — *Cerveau.* A l'ouverture de la boîte cranienne on trouve une infiltration séro-purulente dans les méninges, occupant la partie postérieure de l'hémisphère droit, la face inférieure du lobe gauche du cervelet et semblant partir de la partie inférieure de l'hémisphère gauche, d'un petit foyer hémorrhagique situé à l'union du tiers antérieur avec les deux tiers postérieurs du lobe sphéno occipital, au niveau de l'épanouissement du pédoncule cérérébral.- Autour de ce foyer sous les méninges infiltrées, le tissu cérébral a conservé son aspect, sa consistance normale.

Organes génitaux. — Ne présentent rien de particulier.

Examen histologique. — Fait par M. Chambard au Collége de France :

Foie. — Les coupes du foie observées au moyen d'un faible grossissement montrent de vastes espaces au niveau desquels les lobules hépatiques ont complétement disparu et sont constitués par du tissu conjonctif de nouvelle formation parsemé de masses volumineuses et arrondies, sur la nature desquelles nous aurons lieu de revenir.

Dans les régions où la structure du parenchyme hépatique est encore reconnaissable, on trouve les acini atrophiés et parfois réduits à de petits groupes de cellules déformées, déchiquetés sur les bords et séparés les uns des autres par de larges bandes de tissu conjonctif scléreux qui résultent de l'épaississement du tissu conjonctif des vaisseaux portes, des espaces et des fentes interlobulaires.

Dans les lobules, les trabécules de cellules hépatiques ont perdu leur forme et leur direction normales, mais les cellules qui les composent ne sont ni très-atrophiées, ni chargées de gouttelettes graisseuses, ni infiltrées de pigment biliaire.

Les bandes conjonctives sont parcourues par un réseau vasculaire, composé de sinus sans parois propres, qui résulte des modifications des capillaires et des branches fortes interlobulaires analogues à celles que l'on rencontre dans la cirrhose porte vulgaire. Les canaux biliaires interlobulaires ne sont le siége d'aucune dilatation, ni d'aucune néoformation.

Le tissu conjonctif des régions de la coupe où les lobules ont disparu présente les mêmes caractères, et il reçoit des matières colorantes et notamment du picro-carmin des teintes qui sont en rapport avec les différents degrés de son évolution. On rencontre au sein de ce tissu des masses irrégulièrement arrondies, volumineuses, composées les unes de matière entièrement caséeuse, les autres d'un tissu très-dense.

Paris. — A. PARENT, imp. de la Faculté de Médecine, r. M.-le-Prince, 29-31.

A LA MÊME LIBRAIRIE

MÉCANISME DE L'ACCOUCHEMENT NORMAL ET PATHOLOGIQUE et recherches sur l'insertion vicieuse du placenta, les déchirures du périnée, etc., par J. MATHEUS DUNCAN, président de la Société obstétricale d'Edimbourg, traduit par le Dr BUDIN, chef de clinique d'accouchement à la Faculté de Paris, avec une préface de M. S. TARNIER, chirurgien en chef de la Maternité. Traduction revue par l'auteur. 1 vol. in-8 de 520 pages, avec figures intercalées dans le texte. Prix, broché 12 fr., cartonné. 13 fr.

COURS D'EMBRYOGÉNIE DU COLLÈGE DE FRANCE, par le profes. BALBIANI. 1 vol. grand in-8 avec 200 figures et 6 planches en chromolithographie. 15 fr.

MANUEL DE THÉRAPEUTIQUE, par le Dr PAULIER. 1 vol. in-18 de 1012 pages. Prix. 10 fr.

MANUEL D'HYGIÈNE, par le Dr PAULIER. 1 vol. in-18 de 775 pages. 8 fr.

MANUEL D'OPHTHALMOSCOPIE, par le Dr LANDOLT. 1 vol. in-18 cartonné avec figures. 3 fr. 50

TRAITÉ DES MALADIES DES YEUX, par le Dr Ch. ABADIE, 2 vol. in-8 de 500 pages avec 134 figures. 20 fr.

THÉRAPEUTIQUE OCULAIRE, par le Dr de WECKER. Leçons recueillies par le Dr MASSELON. 1 vol. in-8 de 800 pages avec figures. 13 fr.

CHIRURGIE OCULAIRE, par le Dr de WECKER. Leçons recueillies par le Dr MASSELON. 1 vol. in-8 de 420 pages avec 82 figures dans le texte. 8 fr.

ÉCHELLE MÉTRIQUE POUR MESURER L'ACUITÉ VISUELLE, par le Dr de WECKER. 1 vol. grand in-8 et atlas séparé contenant les planches murales. Le tout cartonné. 7 fr. 50

TRAITÉ D'OPTIQUE considéré dans ses rapports avec l'examen de l'œil, par le Dr G. SOUS, médecin oculiste des Bureaux de la Charité de Bordeaux. 1 vol. in-8 de 361 pages avec figures. 8 fr.

MANUEL D'HISTOIRE NATURELLE MÉDICALE, par le Dr J.-L. de LANESSAN. 2 vol. in 12 de 750 pages chacun, contenant 1100 figures dans le texte. 14 fr.

HISTOIRE DES DROGUES SIMPLES D'ORIGINE VÉGÉTALE, par MM. FLUCKER et HANBURY, traduit de l'anglais et augmenté de très-nombreuses notes, par le Dr J.-L. de LANESSAN, professeur agrégé à la Faculté de médecine de Paris. 2 vol. in-8 de 700 pages avec 380 figures dans le texte. 25 fr.

CLINIQUE MÉDICALE DE LA CHARITÉ, par le professeur VULPIAN. **CONSIDÉRATIONS CLINIQUES ET OBSERVATIONS**, par le Dr RAYMOND, médecin des hôpitaux. 1 fort volume de in-8 950 pages. 14 fr.

LEÇONS DE CLINIQUE THÉRAPEUTIQUE, par le Dr DUJARDIN-BEAUMETZ, médecin de l'hôpital Saint-Antoine. 1er fascicule : Traitement des maladies du cœur et de l'aorte, 1 vol. grand in-8 de 250 pages. 5 fr.

2e fascicule : Traitement des maladies de l'estomac. 1 vol. grand in-8 de 300 pages, avec planche en chromolithographie. 7 fr.

MALADIES DU SYSTÈME NERVEUX, par le professeur VULPIAN. 1 vol. grand in-8 de 500 pages. 16 fr.

LA SANTÉ DE L'ENFANT, par le Dr GODLESKI. 1 joli vol. in-12 de 210 pages. — Prix. 2 fr. 50

DES VERS CHEZ LES ENFANTS ET DES MALADIES VERMINEUSES, par le Dr GOUBERT. Ouvrage couronné (médaille d'or), par la Société protectrice de l'enfance. Un joli vol. in-18 cart. diamant de 180 pages avec 60 figures dans le texte. 4 fr.

Paris. — A. PARENT, imp. de la Faculté de Médecine, r. M.-le-Prince, 29-31.

www.ingramcontent.com/pod-product-compliance
Ingram Content Group UK Ltd.
Pitfield, Milton Keynes, MK11 3LW, UK
UKHW012233240726
13966UKWH00003B/1075

9 782011 912749